MW01169488

ISBN 88-06-17297-2

Andrea Bajani

Cordiali saluti

Einaudi

Per Mariapaola

Cordiali saluti

Vi scrivo una lunga lettera perché non ho il tempo
di scriverne una breve.

VOLTAIRE

Quando hanno chiamato il direttore vendite, lui si è presentato con l'avvocato. Erano settimane che lo davano per morto e lo lasciavano in fondo al corridoio a imbellettarsi di telefonate coi clienti, È tutto sotto controllo, va tutto bene. Ma poi l'hanno chiamato. Passandoci accanto ci ha soltanto detto che usciva, che era come dire è tutto sotto controllo, va tutto bene, anche se fuori c'è l'avvocato che mi aspetta.

Dentro gli hanno detto A decorrere da domani, Lei non lavorerà piú qui, per favore metta la sua firma in calce vicino a questa croce. Lui avrà guardato il suo avvocato con la penna alzata sul foglio, e l'avvocato avrà inarcato la schiena dicendo Il mio cliente e rassicurando con lo sguardo il suo cliente, è tutto sotto controllo, va tutto bene. Si sarà aperta una contrattazione sul prezzo dei suoi vent'anni di lavoro, sul suo valore di mercato, sul futuro dei suoi figli. L'avvocato avrà preteso piú zeri alla cifra inalberandosi e avrà ripetuto Il mio Cliente, sperando che una maiuscola in piú potesse intimorirli. Ma quelli avranno sorriso, avranno alluso al Suo cliente come a un uomo finito, che oramai puzzava di morto da un po', al punto che

3

i colleghi lo lasciavano da solo in fondo all'ufficio, immaginarsi se pensavano di aumentargli qualche zero.
L'avvocato avrà tentato inutilmente un ennesimo pat-
teggiamento e loro avranno di nuovo sorriso e ripetuto il suo cliente, come se quella fosse una faccenda da
sbrigare tra l'azienda e l'avvocato, e non tra l'azienda
e quel signore lí seduto.

Poi gli hanno detto Non lavorando piú qui, a decorrere da domani il Suo cliente non potrà piú godere
di tutti i benefits connessi allo svolgimento delle sue
funzioni presso la nostra azienda. L'avvocato avrà in-
vitato il suo cliente ad assecondare la richiesta, e tutto avrà assunto improvvisamente le sembianze di una
rapina a mano armata. Il direttore vendite si sarà tirato in piedi con la faccia tesa, e infilando le mani nelle tasche avrà estratto le chiavi della macchina, e le
avrà posate sul tavolo di fronte ai due signori. Poi avrà
rimesso le mani in tasca e avrà tirato fuori il telefono
cellulare, posandolo sul tavolo insieme alla carta di cre-
dito, al tesserino magnetico per entrare in azienda e al
computer portatile. Quindi con la faccia tesa si sarà
seduto di fronte a quel cumulo di protesi aziendali di-
ventate inutili per decorrenza dei termini.

I due uomini si saranno guardati umidi di soddisfa-
zione, e avranno stretto la mano all'avvocato augu-
randogli buona fortuna. Gli avranno consigliato di tenere d'occhio il Suo cliente, che nel frattempo si sarà
alzato e avrà raggiunto la porta sempre piú impregna-

to del suo fetore di morte. I due uomini avranno accompagnato alla porta l'avvocato, sempre ignorando l'ex direttore vendite dell'azienda. Sulla soglia sarà suonato un telefono e tutti avranno guardato il cellulare dell'ex direttore vendite, che avrà chiesto il permesso di ritornare dentro, e rispondendo avrà detto L'utente da lei chiamato a decorrere da domani non potrà piú usufruire di questo telefono, la preghiamo di non riprovare mai piú.

Quindi sono usciti, l'avvocato e il suo cliente, il primo avrà fatto capire al secondo che tutto era andato secondo copione, e che quindi tutto era sotto controllo. I colleghi li avranno visti passare e avranno simulato una normalità fatta di saluti, di titoli onorifici e di maiuscole di riguardo. Ma avranno portato una mano al naso, per coprire quell'infernale odore di morte che sprigionava il corpo dell'ex direttore vendite scortato dall'avvocato.

Poi sono andati via, e non si saranno detti una parola per un pezzo di strada, camminandosi di fianco.

L'ex direttore vendite è passato a chiedermi se ho degli scatoloni, che deve raccogliere e sigillare i suoi stracci. Poi dovrebbero spedirglieli a casa. Li ho ma non posso darli a nessuno, quindi nemmeno a te, gli ho detto. E mi sono accorto di essere passato al tu senza pensarci, solo perché so che l'hanno fatto fuori, che deve tornare a casa in autobus perché non ha più una macchina. Nemmeno a te li posso dare, scusami. A cinquant'anni se ti fanno fuori puzzi di morto, la gente ti disprezza.

In ogni caso non potevo darglieli, perché potrebbero far fuori anche me. Ma noi da sotto non ci chiamano neanche, non c'è bisogno di cercarsi l'avvocato. Ci mandano una circolare Deve lasciare libera la scrivania a decorrere da, lasci in portineria le chiavi dell'ufficio. Poi a te recuperarti gli scatoloni, infilarci i tuoi stracci, sigillarli e andare a casa in autobus come sempre. Così la gente in ufficio si tiene le scatole sotto la scrivania e non le molla neanche di fronte alla più generosa delle offerte.

L'ex direttore vendite mi ha convocato nel suo ufficio. Mi ha detto che un po' se lo aspettava e un po' no. Piú no, però. Comunque si era portato dietro un amico avvocato, e grazie a lui la situazione è tutta sotto controllo, mi ha spiegato suturando con lo scotch le due ali dello scatolone. Probabilmente farà altro, subito una vacanza, poi c'è sempre tempo per tutto.

L'ex direttore vendite mi ha chiesto se lo accompagnavo alla fermata dell'autobus, neppure sapeva dov'era. Quando si sono aperte le porte gli ho passato una delle scatole. Le altre se non gliele portano a casa le prende un altro giorno.

Oggi mi hanno chiesto di scrivere una lettera di licenziamento. Da pochi giorni non c'è piú il direttore vendite, la gente si aggira per gli uffici a contare le sedie vuote e quelle piene. Per farle diventare vuote, le sedie, bisogna che qualcuno comunichi agli interessati le necessità aziendali in seguito alle quali si è resa necessaria l'interruzione della proficua collaborazione intercorsa tra la società e il dipendente messo alla porta.

Le lettere di licenziamento le scriveva il direttore vendite. Se ne faceva un vanto, di confezionare commiati personalizzati, in cui trasparissero l'affezione, la gratitudine, la simpatia, il dispiacere, l'imbarazzo e la profonda solidarietà che non poteva non essere evidente in quella comunicazione all'apparenza, ma solo all'apparenza, cosí freddamente divorzista. Quando scriveva le lettere di licenziamento, il direttore vendite chiudeva la porta del suo ufficio, e in un inespugnabile silenzio creativo faceva opera di empatia e di profonda compassione. Se bussavi, mentre digitava i propri addii, non ti rispondeva. Diceva che si chiamava *Door Policy*, quella che quando una porta è chiusa è perché non si deve disturbare, se è aperta invece si può. Bussare non serviva a niente. La *Door Policy* eliminava in un colpo solo la timorata educazione precauzionale delle nocche.

Già negli ultimi tempi il direttore vendite dell'azienda non le scriveva piú lui, le lettere di licenziamento, non gliele facevano scrivere. Per un paio di settimane, per incoraggiare lo svuotamento delle sedie, si era optato per una soluzione piú sbrigativa: una generica dichiarazione di cessazione dell'attività e una cassa di champagne. Avevano fatto una riunione apposta, per dirimere la faccenda. E si era giunti alla conclusione che se la lettera prestampata poteva far pensare a una cinica amputazione aziendale, la cassa di champagne, viceversa, testimoniava il profondo attaccamento da sempre dimostrato nei confronti delle proprie risorse umane.

Ma poi i licenziandi si risentivano, troppo facile mandare via la gente cosí. Cambiare nome cognome in cima a un prestampato. Facevano la coda davanti all'ufficio del personale, davanti all'ennesima porta chiusa a cui non si poteva bussare per via della condivisa medesima *Door Policy* aziendale. Stazionavano lí seduti come dal dottore, finché la segretaria del direttore del personale non li convocava tutti insieme, ognuno col suo foglio uguale e il timbro societario. Uno di loro diceva è ingeneroso, mandare via la gente cosí, e intanto col braccio a falciatrice indicava tutti gli altri. Gli altri annuivano, ma poi sapevano che non avrebbero cavato un ragno dal buco. Tanto quanto, lo champagne.

Cosí hanno provato a farle scrivere a noi, le lettere di licenziamento. Ci tenevano alla serenità dei dipendenti, e quelle code di fronte all'ufficio del personale erano la chiara testimonianza che di serenità ce n'era poca, in queste persone in via di espulsione. Quindi occorreva tenere conto del dato emozionale, e produrre lettere che fossero la diretta emanazione di quel dato, cosí da poter comprimere anche le uscite che inevitabilmente derivavano dall'acquisto in serie delle casse di champagne.

Tre giorni fa sono arrivati a me. Mi hanno convocato alla direzione personale e mi hanno sottoposto a un test psicologico per verificare il mio grado di sensibilità, empatia, cordialità, fermezza, attenzione al prossimo. Due persone, prima di me, non avevano passato il test. Tutte e due si erano arenate sulla fermezza. Altre tre avevano passato il test in agilità, ma poi quelle caratteristiche che in teoria possedevano si erano scontrate con la sintassi impietosa del licenziamento. Dopo due lettere li avevano chiamati per dire loro che in teoria quelle caratteristiche le possedevano ma che poi all'atto pratico no, quindi toccava a me.

Il test non era difficile, perché ti guardavano e ti chiedevano se dovessi licenziarti tu cosa ti diresti. Tu dicevi cosa ti saresti detto nel caso avessi deciso di licenziarti, e loro guardandoti negli occhi ti dicevano che cosa vedevano nel tuo sguardo. Se vedevano sensibilità, empatia, cordialità, fermezza, attenzione al prossimo avevi passato il turno, ti sedevi al tavolo e ce la mettevi tutta per passare anche lo scritto.

Io quando mi avevano chiesto cosa mi sarei detto nel caso avessi deciso di mandarmi via ero stato fermo, però nello stesso tempo si vedeva che mi dispiaceva, di perdere il lavoro. Avevo spiegato che non c'erano assolutamente alternative, perché l'azienda, pur avendo piú volte dimostrato apprezzamento per la mia professionalità, versava in condizioni infelici e si vedeva cosí costretta a rinunciare a tutti i miei skills per far fronte alla congiuntura. Avevo anche spiegato che in ogni caso l'azienda avrebbe fatto di tutto, una volta lasciatosi alle spalle quell'imprevisto periodo di bonaccia, per riassorbirmi nell'organico e porre cosí nuovamente in essere la proficua collaborazione grazie alla quale mi ero negli anni conquistato la stima di cui godevo, che era molta.

Il direttore del personale e la sua segretaria seduta accanto erano stati piuttosto contenti, di sentirmi dire quelle cose. Poi io mi ero lasciato un po' prendere la mano, da questa cosa che stavo perdendo il lavoro e me lo stavo comunicando. E cosí mi ero dispiaciuto, avevo detto che certo non potevo non intristirmi per il fatto che sarei rimasto senza occupazione e avrei dovuto trovare soluzioni alternative per affrontare la mia nuova quotidianità. Ero scoppiato in singhiozzi, e loro mi avevano detto bravo tutti gongolanti, perché avevo dimostrato cosí che anche quanto a sensibilità non me la cavavo affatto male.

Ieri sera sono stato a cena dall'ex direttore vendite. Mi ha chiamato in ufficio, per capire se poteva passare a prendersi una cartellina che aveva dimenticato nel cassetto. Voleva sapere se non c'era nessuno nei paraggi, cioè il direttore del personale. Se non c'era nessuno avrebbe fatto un salto su, e poi via. Altrimenti sarebbe venuto un'altra volta, magari di festa se qualcuno gli apriva. Gli ho detto che forse era meglio di no, venire qua, che c'era il periodo delle lettere di licenziamento, e il direttore del personale era sempre dentro gli uffici a vedere chi poteva mandare via. Che si spostava di stanza in stanza a chiedere alla gente come stava, la loro famiglia, se i figli non avevano la tosse perché i suoi erano squassati dalla tosse. Quindi era meglio se in quei giorni l'ex direttore vendite non si faceva vedere da quelle parti.

Cosí gli ho detto che se voleva potevo portargliela a casa io, la cartellina, se mi diceva dove abitava. Non dovevo scomodarmi, ma se poteva permettersi mi invitava a cena. Era solo a casa con i suoi due figli, che in questo periodo non andavano nemmeno a scuola. La sua ex moglie era andata al mare con la madre, che aveva avuto un ictus da poco. Mi sembrava un'ottima idea, quella della cena.

Mi è venuto ad aprire con le pantofole ai piedi, il gatto tra le gambe e un grembiule allacciato alla vita. Io non avevo portato niente, se non la cartellina, perché una persona a cui hai dato del lei fino a pochi giorni prima ti mette in difficoltà, portare la cosa sbagliata, il vino mediocre e risaputo. I bambini erano in un angolo della sala che si dicevano le parolacce. Martina e Federico. Erano sul tappeto che lei gli diceva fagiolo e lui le rispondeva polpetta arrosto, lei rilanciava cavolfiore, lui melanzana fritta. Si vedeva che vinceva lui, che era piú cattivo. Poi lei aveva gli occhiali e lui la prendeva in giro, le facevano gli occhi giganti e se lui se li metteva gli veniva il mal di mare.

L'ex direttore vendite li ha richiamati all'ordine, Calma con quelle parole. Loro insieme gli hanno detto Fagiano imbalsamato, lui si è messo a ridere.

Chiamami Carlo, mi ha detto subito, che non sono piú il tuo capo. Adesso non era piú il capo di niente. Anche i figli lo chiamavano fagiano, imbalsamato. Mi ha fatto sedere su un divano rosso, nella sala dove Martina e Federico si dicevano le parolacce. Di fronte a me c'era una libreria che occupava tutta la parete, e incastonato in mezzo il televisore piú grande che avessi mai visto. Sopra ci si era sgonfiato il gatto, con la coda lasciata giú che si muoveva a tergicristallo sulla superficie piatta dello schermo. I bambini il gatto lo chiamavano Matto, quando facevano le pause nel loro match sproloquiale. In realtà il gatto si chiamava Emiliano, mi aveva spiegato Martina. Perché il papà

14

dell'ex direttore vendite si chiamava Emiliano, e lui avrebbe voluto chiamare Emiliano Federico. Ma la mamma non aveva voluto, e cosí si era dovuto accontentare del gatto matto, dargli il nome di suo padre.

I bambini hanno già mangiato prima, mi ha detto l'ex direttore vendite. Vogliono mangiare insieme a Emiliano, e Emiliano mangia presto, le sue crocchette, mai dopo le otto. Noi ci siamo seduti a tavola in cucina, con la televisione piccola accesa accanto ai fornelli. Lui si muoveva tra la sedia e le pentole, mescolare, controllare, sempre col grembiule alla vita.

Stava cercando di ridisegnarsi una normalità quotidiana, mi ha detto. Piuttosto io, come stavo. Gli ho detto delle lettere di licenziamento che volevano farmi scrivere. Lui sorrideva e rimestava nelle pentole.

Mi ha detto che stava diventando giallo, se non lo vedevo anch'io. Io non lo vedevo, non vedo mai i colori delle persone. Non è una questione di colori, mi ha detto, mi hanno trovato la cirrosi epatica, io che non bevo. Due epatiti una dopo l'altra e non se n'era accorto. Adesso dovevano recuperargli un fegato nuovo entro un mese. Nel frattempo lui ingialliva, la suocera si prendeva l'ictus e i bambini gli chiedevano perché aveva quel colore, Ho ingoiato una pozione magica, posso diventare del colore che voglio.

Non dovevo dispiacermi, mi ha detto, io che non so mai come mettere la faccia quando la gente mi dice che sta male seriamente. Basta che muoia qualcuno con un fegato compatibile col mio. Poi tutto sarebbe ritornato alla normalità, e lui avrebbe ripreso a lavorare. Certo un peccato tutte le cose insieme, il lavoro, la suocera e la cirrosi. Ma non era il caso di parlarne. Solo, adesso che me l'aveva detto non riuscivo a non guardargli il giallo della faccia, che a ben vedere si vedeva.

I bambini ogni tanto venivano in cucina a chiedere aiuto con le parolacce. Io ho detto a Martina che se voleva vincere doveva dire a Federico che era un ramarro, lui di sicuro non sapeva cos'era. Lei ha cominciato a urlare ramarro per tutta la casa, Federico si è messo a piangere e l'ex direttore vendite si è dovuto alzare, metterli sul divano, Basta con questo gioco. Sono stati in silenzio per un po', poi hanno cominciato a gridare e Federico è venuto in cucina a dire che Emiliano si era rubato il telecomando.

Quando mi ha accompagnato alla porta, mi ha detto che era stato un piacere avermi a cena. Gli ho risposto che il piacere era stato mio, e che mi sembrava un bravo papà, certo non stava a me giudicare. Mi ha detto di non preoccuparmi per il suo fegato, che tanto di sicuro gliene avrebbero dato uno nuovo al piú presto. Ha detto che erano contingenze, un giorno perdi il lavoro, il giorno dopo diventi giallo. Era la congiuntura, che era sfavorevole, tutto lí. Gli ho dato la cartellina, prima di rischiare di portarmela a casa. Gli ho chiesto di farmi sapere del fegato, anche se non ero preoccupato, figurarsi.

Martina è venuta a portarmi la giacca, che avevo lasciato sul divano. Il gatto Matto, mi ha detto, non si era comportato bene, aveva lasciato i suoi peli dovunque. I gatti lo fanno, ha aggiunto, è che non sanno mai dove mettere i peli. Nel frattempo Emiliano era ritornato a fare il tergicristallo sul televisore acceso coi cartoni animati per Federico. Lui si arrabbiava un po' ma si vedeva che gli era simpatico, con quella coda basculante.

Fuori era notte. La notte finta della città, dove non c'è il buio mai, nemmeno di notte. Ritrovare la macchina parcheggiata. Sono solo contingenze, che uno diventa giallo e non ti dice che può darsi che tra un mese non c'è piú.

Martina mi ha chiamato dal balcone con un grido piccolo e acuto. Ho guardato su e lei mi ha detto Vediamo se sei bravo, che ti lancio una cosa. Poi a corpo morto mi è caduto vicino un foglio ripiegato dentro una molletta. Le ho urlato grazie e sono salito in macchina. Mi ha risposto che non era da parte sua, l'ho salutata con la mano, anche lei. Ho messo in moto e ho aperto il foglio, che era pieno di peli di gatto. Sopra c'era scritto in blu, Ciao ramarro. Era firmato Emiliano.

Gentile Massimo Sparacqua,

sono da poco concluse le festività pasquali, e come ogni anno colgo l'occasione per augurare ai migliori dipendenti una ripresa delle attività lavorative foriera di grandi soddisfazioni personali nonché di lauti incrementi produttivi.

Come di consueto, da ormai tredici anni a questa parte, ho trascorso le vacanze al mare, perché, come saprà, rifuggo dalla calca paraffinata delle ultime piste da sci aperte in questa stagione di transito. Le code alle seggiovie mi annoiano, e il chiacchiericcio vuoto degli sciatori mi fa rimpiangere le terre della mia infanzia, la salsedine aspra dei risvegli e i gabbiani che si pòsano sul mare. Lei sa bene, caro Sparacqua, quanto io ami la semplicità, quanto il godimento delle cose minime riesca a gonfiarmi di bellezza, a farmi dimenticare la frettolosa (e necessaria, beninteso) vita in giacca e cravatta. Solo nei lidi della mia giovinezza, a contatto con la salsedine che infeltrisce i capelli, smetto i miei abiti ufficiali e ritorno me stesso. Ecco che allora sfilo dagli armadi le mie tute semplici e morbide. Ritorno alla semplicità, come le dicevo, godendo e apprezzando i tempi lunghi delle attese e le ore di inattività sdraiato sul divano. È soltanto lí, ogni anno, che capisco quanto la frenesia lavorativa impedisca fatalmente all'uomo di accogliere il mondo e tutta la sua bellezza, di gustarne le mille e mille sfumature. Soltanto senza lavoro, mi ripeto ogni anno ritornando alla vita lavorativa, le persone potrebbero accorgersi di tutto ciò che le circonda.

Quest'anno, caro Sparacqua, ho capito molto. Ho capito molto di me stesso, che vuol dire capire molte cose del mondo e, soprattutto, della gente che ci circonda. Quest'anno, camminando per le vie deserte del paese in cui sono cresciuto, ho capito in maniera dolorosa che non mi occupavo piú delle persone, che la mia capacità di *sentire* si stava atrofizzando. La mia anima, caro Sparacqua, era spaccata in due e io non me ne accorgevo. Soltanto inseguendo i miei fantasmi di ragazzo nei vicoli del mio paese, ho avuto chiara di fronte a me la necessità di cercare un centro. Ho chiamato a me le mie figlie e mia moglie e ho chiesto loro aiuto. Non potevo permettermi, ho spiegato loro, di trascurare le persone, si trattava di una questione di dignità personale, di rispetto umano. Tutti insieme, allora, in una fresca mattina, siamo andati a camminare sulla spiaggia, tenendoci per mano: al centro io e mia moglie, e alle due estremità Ludovica e Benedetta. Per oltre due ore non abbiamo parlato, presi come eravamo da questo nuovo contatto con noi stessi, con il mondo intorno e con il silenzio che lí, a un passo dal mare, ci stava abbracciando. Dopo tanto camminare in meditazione, tutti insieme, sempre per mano, siamo andati a pregare. Entrare in contatto con Dio, nel freddo spirituale della chiesa, è stato un po' come entrare in contatto, finalmente!, con le persone, e in primo luogo, con i dipendenti della mia azienda.

È stato proprio durante il Padre Nostro, caro Sparacqua, che mi è venuto il mente lei, che se non vado errato ogni estate prende in affitto per una settimana, con la sua famiglia, un alloggio nel paese accanto al mio. Che associazione curiosa, quella del Padre Nostro con la sua persona. Il buon Sparacqua, ho pensato, con cui non ho il piacere, sbrigativo come sono, di parlare, di dialogare, da anni. I dipendenti della mia azienda non sanno nulla di me, ho pensato, nulla delle mie passeggiate meditabonde in riva a quel mare che ha visto comparire i primi brufoli sul mio viso di sedicenne. Ecco che allora, in tuta e scarpe da ginnastica, ho preso carta e penna e ho deciso, caro Sparacqua, di parlarle un po' di me, di aprirmi per raccontarle tutta la gioia dell'ozio e la crisi profonda della mia anima spaccata in due.

Ho pensato molto a lei, caro Sparacqua, prima di spendermi cosí diffusamente su questi fogli. Ho pensato a quanto la sua professionalità sia stata in questi anni strategica per il decollo (perché di decollo si è trattato!) della mia, anzi della nostra, azienda. Non posso certo dimenticare il lancio del prodotto che tutti insieme abbiamo deciso di chiamare Luna, a indicare la capacità di farsi satellite della quotidianità di ciascuno. Non posso a maggior ragione dimenticare la Sua prorompente creatività che le ha permesso di coniare il claim piú fortunato per il lancio di un nostro prodotto: *Delle due, Luna*. Bravo, Sparacqua. Bravissimo. Per molto tempo, come avrà ben scolpito nella memoria, lei è stato il fiore all'occhiello del comparto. Proprio questo, caro Sparacqua, pensavo mentre pregavo in ginocchio insieme con la mia famiglia. Quanto è bravo Sparacqua. Quanto è creativo Sparacqua.

Ma tutto ciò mi ha fatto pensare, ahimè, a come la mia azienda, la nostra azienda, non riesca piú a valorizzare le proprie risorse umane. Lei ha bisogno di spazi, Sparacqua, ha bisogno di campi in cui correre a perdifiato. Noi sentiamo, *io* sento, che le stiamo tarpando le ali, e per questo dobbiamo pagare. Perché le stiamo facendo del male.

La punizione, per noi, è allora la rinuncia alla sua prorompente creatività, al suo altissimo profilo. Non creda, caro Sparacqua, ad una mossa egoistica. Queste sono storie che lasciamo raccontare ai maligni. Non creda, caro Sparacqua, che io non capisca lo sconforto in cui lei potrà precipitare. Ma se cosí sarà, non avrà capito che tutto questo io lo sto facendo, *noi* lo stiamo facendo per lei. Per restituirle quei campi lunghi in cui correre, per permetterle di esprimere tutta la sua prorompente creatività in un luogo che le sia piú idoneo.

Mi creda, Sparacqua, la invidio. Invidio il futuro che le si apre davanti. Le invidio la possibilità di tirare fuori quelle tute dall'armadio, infilare quelle scarpe da ginnastica e riscoprire le cose semplici della vita. Per lei, mi creda, qui ci sarà sempre un posto, e saremo felici, quando lo vorrà, di accoglierla nuovamente fra di noi.

Nel frattempo, accolga questa mia come un abbraccio sincero, da amico, un abbraccio che raccoglie in sé il dispiacere per la sua perdita e la felicità per quel futuro che, a decorrere dal 31 c. m., le si spalancherà davanti come un mare calmo dietro le montagne.

Cordiali saluti

Mi ha chiesto scusa mille volte per avermi fatto correre a casa sua nel cuore della notte, l'ex direttore vendite. Quando il telefono era suonato erano passate da poco le quattro del mattino, Non dovrei chiamarla a quest'ora. Si figuri, avevo risposto da sotto le coperte, non mi disturba affatto. Soffre d'insonnia? No, ho un debole per la cortesia, gli avevo detto in mezzo ai rantoli del risveglio. Sonnecchiavo, immaginarsi se alle quattro del mattino dormivo, magari. Ci davamo del tu, mi ha ricordato, Hai ragione, dimmi tutto.

Era diventato sempre piú giallo, era passata solo una settimana dalla cena. Mi aspettava sotto casa, vestito come per un viaggio d'affari, la cravatta, il completo scuro e le pantofole ai piedi. Era seduto sul marciapiede.

C'è un ragazzo che sta morendo, mi ha detto, Speriamo. Che se era compatibile ritornava giovane, un fegato da corsa. La sua ex moglie era ancora al mare con la suocera, non se la sentiva di svegliarle a quell'ora, magari le veniva un altro ictus e non tornavano piú a casa. Mi ha detto Ho pensato a te perché sei stato molto gentile, se muore il ragazzo mi accompagni all'ospedale?

Poi mi avrebbe lasciato il gatto e i bambini, se glieli guardavo per un po'. Ma solo se non mi pesava, che lui lo rimettevano in piedi in poco tempo. Figurarsi se mi pesava, tanto erano tutto il giorno a scuola. Solo dovevo trasferirmi a casa sua, che poi Emiliano impazziva, se non riconosceva gli spazi di manovra. Mi sarei trasferito da lui, certo. Per poco tempo, mi ha ribadito, una valigia con poca roba. Potevo dormire nel suo letto, se non me lo rubavano prima i bambini.

Le scrivi ancora le lettere, mi ha chiesto. Le scrivo ancora, gli ho detto, e intanto la gente continuava ad andare via dall'azienda. Gli ho detto che spesso c'era gente che telefonava per lui, che lo volevano ringraziare. Mi ha chiesto se Citterio c'era ancora. Gli ho detto sí anche se tutti la davano per morta da un po'.

Ho pensato al mio cattivo gusto, di parlare della morte a uno giallo seduto su un marciapiede che spera che un ragazzo muoia presto per non morire lui. Mi ha guardato che aveva capito, l'imbarazzo. Mi ha detto Sai che non ti devi preoccupare, è solo la congiuntura sfavorevole, le cose hanno una data di scadenza, anche il mio fegato. Che voleva dire anch'io, se il ragazzo dell'incidente non muore, Speriamo.

Da quando ero stato a cena da loro, Martina mi chiamava Ramarro. Diceva che era contenta, venire in vacanza con un ramarro, che Federico non sa neanche cosa significa. L'ex direttore vendite le aveva detto che doveva andare dal mago dei colori, per tornare rosa come tutti, che di essere giallo si era stancato abbastanza. Che sembrava un limone e se non si prendeva la pozione giusta prima o poi lo rimettevano sull'albero. Martina diceva che anche se lo rimettevano sull'albero lei lo andava a trovare con Federico e col gatto Matto, che poi saliva sui rami e gli dava il bacio della buonanotte. L'ex direttore vendite le aveva detto che allora magari ci ripensava, a questa cosa di ritornare sull'albero, che era molto carino da parte di Martina pensare di andarlo a trovare col fratello e il gatto Matto.

Eravamo tutti e due seduti sul marciapiede. Da lontano si cominciavano a sentire i tonfi sordi dei cassonetti ingoiati dai camion dell'immondizia, quasi le cinque e il buio tirato via dal cielo come una coperta. Gli scoppi si facevano piú vicini, finché non sono arrivati davanti a noi, operosi nell'agganciare i cassonetti ai bracci meccanici e svuotarli tra le luci lampeggianti. Si sono fermati di fronte al marciapiede, hanno compiuto le loro ordinarie procedure e poi si sono agganciati al camion, cavalli sulle giostre.

Ed eravamo di nuovo soli, mentre albeggiava chiaro e senza strappi. Misà che ce l'ha fatta, il ragazzo, e io a consolarlo, Vedrai. La gente ci mette un po' a morire, prima fare tutto il giro del corpo a portare la notizia. Non si muore cosí, bisogna spegnere le luci, controllare che dentro non sia rimasto nessuno, chiudere il gas, lasciare le chiavi al portinaio.

Poi finalmente è morto, il ragazzo, col cellulare dell'ex direttore vendite che suonava e lui che tremava dicendo l'ospedale, mi passava il telefono. Pronto. Mi dispiace molto, per il giovane, dicevo, Arriviamo subito. Si guardava i piedi dentro le pantofole. Le scarpe? Le scarpe te le porto io.

Quel viaggio con i clacson sparati e il fazzoletto bianco fuori dal finestrino, era il funerale del ragazzo sbrigato in fretta e furia. Non parlavamo, seduti di fianco. Lui che si contava la storia delle congiunture, io che volevo pensare a quella dei limoni. Che se decideva di restare limone, sull'albero mi sarei arrampicato anch'io per salutarlo.

Da che ho iniziato a scrivere le lettere di licenziamento mi chiamano il Killer. Quando il direttore del
personale vuole parlarmi mi dice Ehi Killer, prima di
uscire passa da me. Dentro il suo ufficio c'è sempre
molto silenzio. Mi siedo, lui gira un po' sulla sedia di
cuoio e poi dice Veniamo a noi, e mi guarda negli occhi. Mi guarda perplesso, chiede cosa le succede, che
ha tutte quelle occhiaie. Lei non me la racconta giusta, dice strizzando l'occhio, rovesciandosi sullo schie-
nale. Ma cosa le fanno, le donne? Cosa mi fanno i
bambini, dovrei dirgli, una settimana a rincorrerli per
casa fino a notte fonda. Mi addormento all'alba sul divano davanti al televisore enorme che hanno nella sala. Guardo il direttore del personale e gli ricambio l'occhiolino, dico Le donne, sapesse.

Ma parliamo di cose serie, dice. Poi apre il cassetto, tira fuori una cartellina, e dentro ci sono tutte le
lettere che ho scritto per mandare via la gente dal-
l'azienda. Generalmente le legge a voce alta davanti a
me, e mentre le legge gongola. La lettera che ho scritto a Sparacqua l'ha fatta fotocopiare e l'ha distribui-
ta a tutti i dirigenti, da oggi si lavora così. Ogni tanto

28

mi fa qualche correzione, dice Scriverei piuttosto e poi mi suggerisce cosa.

Oggi mi ha convocato perché gli è venuta un'idea, per le lettere. Secondo lui bisogna inserire un frase che ha sentito dire a un suo amico e fa un certo effetto, vedersela scritta davanti. La frase dice che non si possono fare promesse che non si possono mantenere. Per rendere questo concetto delle promesse che vanno mantenute altrimenti è meglio non farle, bisogna scrivere che noi siamo abituati a offrire una sigaretta solo se siamo certi di averla nel pacchetto.

Poi si alza in piedi, non ha altro da dirmi. Mi allunga la mano, me la stringe e mi fa di nuovo l'occhiolino. Dice Beato lei che può godersela, non ha ancora una famiglia. Sorrido e dico Ha proprio ragione, Direttore, grazie ancora di tutto, arrivederci. Mi slaccio dalla stretta e raggiungo la porta per andarmene. Sono già praticamente fuori che mi sento richiamare. Cos'è quel foglio che ha sulla schiena? Si avvicina e mi strappa dalla giacca un foglio bianco. Lo guarda, sgrana gli occhi, me lo porge, dice Arrivederci. Sul foglio c'è una scritta col pennarello rosso ASINO CHI LEGGE.

Ogni tanto telefonano per l'ex direttore vendite, telefonano a me. Quando sento le voci che chiedono di lui non so mai cosa fare, se si può dire che gli hanno chiesto di restituire le chiavi della macchina e il cellulare oppure no. Quando chiamano dicono Volevo solo ringraziarlo.

Il direttore del personale dice che è una faccenda delicata, questa delle telefonate, che va gestita con fermezza ma senza strappi muscolari. Mi ha convocato nel suo ufficio e mi ha delegato il disbrigo delle telefonate in arrivo per l'ex direttore vendite. Fermezza ma niente strappi muscolari, mi raccomando.

L'ex direttore vendite entra e esce dalla sala operatoria. È una settimana che gli hanno fatto il trapianto, ancora le cose non funzionano. La mattina presto gli misurano la febbre, gli controllano i valori, spesso lo riportano dentro. In sala operatoria lo gonfiano di anestesie, provano a ripararlo, il giorno dopo magari lo riaprono. Io lo vado a trovare in pausa pranzo, lo guardo che dorme, gli metto il giornale accanto al letto.

Una mattina suona il telefono, è Martina, telefona da scuola per sapere se suo padre è ritornato. Dice Ciao, Ramarro, è tornato papà? Le ho detto che tornerà presto, questione di giorni. Ma oggi no, non è ancora tornato. Dice Tanto lo sapevo. Le chiedo se andavano bene gli esercizi che abbiamo fatto insieme. Dice Sí, ma ti racconto dopo, quando vieni a prendermi all'uscita. Dice ricordati le crocchette per il gatto.

Il direttore del personale ogni tanto parte, va a fare i giri per il mondo. Il giorno prima urla nel corridoio che non trova le cose da portarsi, arriva la segretaria, non urla piú. La segretaria gli dà un foglio, Tenga un memorandum, Direttore, qui c'è scritto tutto. Poi dopo arriva anche il facchino, raccoglie le valigie, gli fa strada lungo le scale. Dall'aeroporto il direttore del personale telefona alla segretaria per sapere a che ora è il volo di preciso, lei ripete C'è tutto nel memorandum, Direttore, poi glielo dice. Lui sale sull'aereo, in coda sulla scaletta telefona alla segretaria. Sia gentile, signorina, chiede che numero ha il suo posto nell'aereo, lei gli dice Legga sul biglietto, Direttore, che c'è scritto tutto.

Quando torna fa un regalo a tutti i dipendenti. Arriviamo la mattina troviamo un salame su ogni scrivania, è finito il viaggio del direttore. Vicino di solito c'è una fotografia che si è fatto fare durante la trasferta, il direttore del personale che ride, alza il calice di fronte a tanti altri calici che gli sorridono davanti, dopo gli batteranno le mani piú forte che potranno. Sulla foto a pennarello c'è sempre scritto È anche merito Suo, e sotto la firma.

Il direttore del personale viaggia tanto, esportare il nostro modello organizzativo laddove non si sanno organizzare, perché poverini non hanno la cultura adatta a mettersi d'accordo. Torna, mi chiama, mi dice Lo sa lei che ci sono posti nel mondo in cui c'è davvero tanta sofferenza?, gli siedo davanti, annuisco, gli faccio capire che lo so. Mi guarda, mi dice che grazie ai suoi viaggi ha capito delle cose. Lo sa cosa ho capito?, mi chiede. Dico no, in effetti non lo so. Ha capito che sono loro che hanno da insegnare a noi, e non il viceversa. Ma forse non mi sono spiegato bene, mi dice. Dico Forse no.

Nei paesi in cui c'è tanta sofferenza la gente è un poco piú felice se solo la si valorizza, soldi pochi ma la valorizzazione innanzitutto. Dice che tornerà per dire grazie, in quei paesi, per dire che noi occidentali abbiamo tanto da imparare, che anche lui nella sua azienda, al ritorno da un suo viaggio, ha calmierato gli stipendi di tutti ma ha fatto costruire un campo da tennis. Cosí i suoi dipendenti sono un poco piú felici perché possono sentirsi esseri umani quando corrono a rete, lo stipendio è alienante, il tennis è la vera metafora della vita.

Cara Martina,

ti lascio questo saluto nello zaino, è una sorpresa. Quando lo leggerai sarà l'ora dell'intervallo. È per questo che te l'ho infilato dentro la busta, con la focaccia. Magari sarà un po' unto, e allora sarà una sorpresa ancora piú bella, perché sarà una sorpresa salata al gusto di cipolle.

Il tuo ramarro

Gentile Giacomo Quirino,

scrivere a lei è un po' come scrivere a me stesso: fino al momento del mio arrivo fu lei a occupare la scrivania su cui ora io ammasso le mie scartoffie. Scrivo a lei e intanto parlo a me stesso, cerco di ricapitolare le gioie e i dolori, gli entusiasmi e le contraddizioni del nostro sudato mestiere. Ricordo ancora quando, ormai molto tempo fa, feci il mio ingresso in azienda. La ricordo affaccendato al seguito dei fattorini, che le portavano via gli scatoloni per trasferirla al piano di sotto, comparto produzione. Ricordo ancora la mia solerzia nel levarmi la giacca, allentare la cravatta e darle il mio piccolo contributo da bricoleur. Mi creda: essere chino in terra assieme a lei e passarle forbici e scotch fu davvero il mio battesimo aziendale, il chiaro segno di una cooperazione che è sviluppo, fratellanza e comunanza di obiettivi.

Che nostalgia di quei tempi, mio caro Quirino! Quanta paura e quanta eccitazione insieme! Guardavo tutto con occhi avidi di sapere, con la trepidazione euforica di chi si senta onorato di prendere parte a un'avventura e ciononostante tema di non esserne all'altezza. Ecco, io guardavo lei e mi chiedevo se mai ce l'avrei fatta, a raggiungere la sua statura.

Mio caro, caro Quirino. A fare la conta degli anni, mi rendo conto che il tempo trascorso è davvero un'infinità! E dunque se io ho, come ho, gli anni che ho, allora lei è tutt'altro che un bambino... Ma complimenti vivissimi! Mi creda, se mi promettessero uno stato di forma identico al suo, alla sua età, venderei l'anima al demonio. Non può che trattarsi di un caso di stregoneria! Ma non sarà cosí, purtroppo, e le mie due figlie Ludovica e Benedetta non mancano di ricordarmi che da vecchio sarò noioso, lento e tremolante!

Ma poi diciamocelo, caro Quirino: che male c'è ad essere anziani? Lei è la dimostrazione vivente del fatto che si può andarne fieri. Sono gli altri ad essere miopi, a non capire che il mondo sta andando proprio nella direzione degli anziani. A dispetto di chi teorizza l'improduttività delle persone non piú nel fiore degli anni, tutto il mondo grida una sola parola: Vecchio! Anche il mercato se n'è accorto, e infatti sta cavalcando con grande vigore quest'epoca mirabilis della vecchiaia. La vecchiaia è un segmento di mercato dalle uova d'oro! Vede, Quirino, i giovani cambiano. I vecchi sono sempre uguali, non c'è l'obbligo di ricalibrare ogni anno il prodotto su un target che è mutato. E poi c'è un ricambio continuo, capisce? Se c'è una certezza è che i vecchi moriranno in tempi brevi, e che in tempi brevi verranno sostituiti da altri vecchi identici ai precedenti!

D'altra parte le aziende, amico mio carissimo, hanno continuato a sfornare a gran ritmo nuovi prodotti per i vecchi. Per i loro piaceri e per i loro dispiaceri, per le loro gite fuori porta e per le loro crociere, per i loro safari e le loro escursioni in montagna, per la loro creatività gastronomica e per quella artistica, per la loro acculturazione e per la loro riabilitazione. Quanta abbondanza, caro Quirino! Quante opportunità! C'è un intero mondo, là fuori, inventato appositamente per loro! Per voi, dovrei dire, Quirino! Adesso so che non è piú offensivo, chiamarla Vecchio. Adesso so che è una fortuna, fare parte della categoria.

Non ricordo, caro amico, quale fosse il motivo di questa mia lettera. Certo però ora mi sentirei un tiranno a trattenerla oltre. Capisco solo ora, dopo avere ragionato per iscritto assieme a lei, che il mio è stato un sequestro! Che fino ad oggi, obbligandola alla reclusione tra le mura di quest'azienda, l'ho privata della possibilità di fruire di quel meraviglioso luna park che il mondo ha apparecchiato per i vecchi. La consideri una lettera di risarcimento danni, caro Quirino. Una lettera di mortificate scuse per tutto ciò che le ho fatto perdere. Si consideri da subito libero di raggiungere gli altri vecchi! E visto che ultimamente è un po' smemorato, non dimentichi di lasciare le chiavi in portineria entro e non oltre le ore 12.30 di domani.

Cordiali saluti

Abbiamo mangiato in cucina nudi, tutti e tre. Martina mi ha detto che col papà la facevano ogni mese, la cena dei primitivi. Finché non torna, il capo primitivo devo farlo io. L'ex direttore vendite, la pancia delle grandi occasioni e i testicoli flosci sulla sedia coi bambini davanti, chi l'avrebbe detto. La mamma non me la immagino, ancora al mare a camminare con la sua, di madre, per non farsi raggiungere dall'ictus.

Martina dice che i pigmei stanno sempre tutti nudi, certo loro sugli alberi, noi siamo occidentali e gli alberi stanno solo nel giardino, ci vanno i passerotti. Abbiamo comprato il gelato, il pollo arrosto che girava nella rosticceria, le patatine sotto che si prendono tutto il grasso che viene giú dallo spiedo. La cena dei primitivi si fa quello che si vuole, si mangia come vuoi ma non con le forchette. Solo, bisogna stare senza vestiti neanche le mutande.

Federico si è messo a guardarmi il pisello con insistenza, io che me lo sentivo appeso come una pietra al collo. Voleva tirarmelo, i pigmei la fanno sempre questa cosa di usare l'uccello come un elastico. Cosí mi ha trascinato in giro, dice che è come giocare al tiro alla fune. Siamo caduti in sala da pranzo tutti e tre davanti al televisore enorme, il gatto ci ha fatto lo sgambetto. Loro ridevano dicevano Che male, Emiliano se l'è data a gambe.

Il pollo l'abbiamo mangiato tutti con le mani, Martina che si imbrattava la faccia, Federico che si infilava le patatine dietro le orecchie come le sigarette nei film dove i duri vogliono fare colpo sulle donne. Li ho anche fatti bere, un bicchiere di birra per ciascuno e poi cantavano nudi sul balcone la canzone del girino che si innamora della rana e tutti gridano all'incesto.

Adesso facciamo la cacca, mi ha detto Federico accucciandosi per terra. Ci siamo messi giú, paralleli come a scuola. Pronti, via. E ridevamo mentre facevamo i rumori, ridevamo come non avevamo riso mai, Federico che modellava la cacca come fosse pongo, Martina che rideva e diceva Che schifo, quello non lo facevano nemmeno i primitivi. Poi siamo andati tutti nella vasca da bagno, io che li usavo come barchette nella schiuma.

Li ho portati a letto puliti che erano le tre, nel letto grande, si sono addormentati come sassi. Ho lavato via tutto, rassettato casa, riportato i loro giochi nella camera. Tutto deve essere com'era prima, quando l'ex direttore vendite tornerà a casa, nessuna traccia del mio passaggio. Ho finito il pollo, buttato via le patatine. Mi sono lasciato cadere sul divano, mi sarei addormentato come ogni sera senza accorgermene, il solito documentario sugli animali della foresta. Chissà se i pigmei conoscevano i girini. Ce n'era uno che si era innamorato di una rana e tutti gridavano all'incesto.

Il direttore del personale la sera mi chiama spesso, mi dice Ho grandi progetti per lei. Mi chiama molto tardi, vedere come reagisco alle telefonate che mi fa. Una sera mi telefona che sono sul tetto a inseguire il gatto che è scappato, Federico piange e urla che non sa che fine ha fatto. Quando suona il telefonino mi spavento, precario come sono sulle tegole. Il direttore del personale dice Buonasera, e dice Lo sa che l'azienda crede molto in lei? Sono lusingato, e intanto mi avvicino in ginocchio al cornicione. Capisce, dice al telefono, avevamo puntato sul cavallo sbagliato, l'ex direttore vendite. Mi chiede Lei è il cavallo giusto? Non lo so, se sono il cavallo giusto, mentre il gatto mi sfreccia davanti agli occhi, rientra in casa. Non lo so, se sono il cavallo giusto, continuo a ripetergli a quattro zampe sulle tegole del tetto.

La mattina dopo lo incontro, mi trascina da parte, mi dice Conquisti autorevolezza. Si faccia vedere, alla convention, si metta nelle prime file. Due ore dopo siamo nell'auditorium, tutti i quadri, tutti i dirigenti. La segretaria del direttore del personale ci ha convocati con una circolare, rimandare tutti gli impegni, annullare gli appuntamenti. Assoluta priorità, c'è scritto nella convocazione, l'oggetto è Gestione delle risorse umane. Siamo entrati a gruppi come a scuola, i dipendenti seduti che chiamavano gli altri dipendenti che arrivavano, tenevano i posti, io sono finito in terza fila, abbastanza in vista.

Il direttore del personale è in piedi su un palchetto, chiede il silenzio unendo le mani in preghiera, l'auditorium è in silenzio. Ci dice Grazie, per prima cosa. Volevo dirvi una sola parola, Grazie. Grazie a tutti di essere qui, applauso. Chiede di nuovo il silenzio con le mani davanti al viso unite in preghiera. Dice Siamo una grande azienda, applauso. Dice Se siamo una grande azienda è prima di tutto per merito vostro, ovazione. Dopo gli applausi l'auditorium formicola tutto di voci, la gente si agita sulle poltrone rosse, ritorna in silenzio. Ci guarda tutti insieme, dice Che belli che siete, che tanti che siete. Applauso.

Comincia il suo discorso dicendo che è lieto di comunicarci che l'azienda sta per mettere in atto un grande processo di purificazione. Purificazione dell'azienda, purificazione dei dipendenti, purificazione della produzione tutta. C'è un vociare di fondo. Chino sul proiettore, il direttore del personale mette dei lucidi sotto una lampada, li vediamo enormi sulla parete. Dice che la purificazione è parte integrante della produttività. Dice che è elementare, come possiamo vedere dal grafico sul muro. Dice Io non sono abbastan-

42

za puro, voi non siete abbastanza puri, l'azienda non è abbastanza pura. Possiamo fare di piú, applauso.

Se c'è una soluzione a tutto, spiega sommesso, ci sarà una soluzione anche per questo. Prima di tutto, pulizia. Secondo, liberazione dall'attaccamento ai beni materiali. L'azienda resterà chiusa per una settimana, dice, la prossima. In quei giorni verrà mondata di tutte le sue sporcizie. I muri, dice il direttore del personale mostrando un lucido col disegno di un pennello, tutti bianchi. Le pareti, spianate. La purezza è leggerezza, nitore e igiene. Se vogliamo la purezza, e la vogliamo, è questa la strada da intraprendere. Doppio applauso.

Il direttore del personale dice che dobbiamo inserire tutti i nostri averi nelle scatole, portarceli a casa. Lasciare fuori solo lo stretto necessario, metterlo in una scatola piú piccola. Via le foto di famiglia, via tutto l'extra che rema contro la purificazione. Ma non basta, dice il direttore del personale, mentre sul muro compare una scritta luminosa, HOTELING. Dalla prossima settimana vi libererete anche dall'affezione improduttiva allo spazio di lavoro. Mi seguite? chiede. Lo seguiamo, seduti dentro le nostre poltrone rosse. Niente piú schiavitú sentimentale al vostro ufficio, niente piú abitazione emotiva degli spazi. Come fare? si domanda.

Ogni giorno un ufficio diverso. Ogni mattina, dice, prenderete la vostra piccola scatola e andrete a cercarvi un ufficio nuovo in cui abitare la giornata. Ogni giorno prenderemo la nostra scatola sempre piú piccola e ce ne andremo sempre piú puri a cercare uno spazio in cui riprendere la nostra attività produttiva, sempre piú in tensione verso l'assoluto. *Hoteling*, lo ripete, una parola salvifica. *Hoteling* è purezza ed efficacia, pulizia, igiene e rapidità. *Hoteling* è l'albergo, con le saponette e il letto sempre fatto. Sulla parete c'è scritto *Hoteling* = felicità individuale = felicità collettiva = aumento della produttività. Amici carissimi, conclude, correte a prepararvi per il vostro cammino di purificazione, correte a liberarvi dei vostri beni materiali. Preparate con cura la vostra piccola scatola dall'uso quotidiano, la vostra valigia con lo stretto necessario. Andate, il viaggio sta per cominciare.

Sono dentro l'armadio e non fanno molto per nasconderlo. Entro nella stanza, sento Federico che ride, Martina gli dice Stai zitto che ci scopre. Mi sdraio sul letto dell'ex direttore vendite, faccio dei rumori che capiscano che sono rilassato, sbadiglio forte, dico Ecco qua. Che capiscano che penso proprio di essere solo, nella stanza. Dall'armadio ogni tanto arriva qualche colpo maldestro, poi piú niente. C'è il colpo, stanno zitti piú che possono, poi si mettono a ridere, Federico soffocato dalle mani di Martina che gli dice piano Sei proprio scemo.

Faccio ancora dei rumori, dico Che silenzio che c'è qua. Quando parlo loro ridono, sono contentissimi che non li scopro nascosti nell'armadio, sono piú furbi di me. Li sento litigare a voce alta, Martina che dice È tutta colpa tua, Federico che dice Non è vero, è colpa tua. Litigano non so per cosa, ormai misà che si sono dimenticati dello scherzo. Litigano come fossero da qualsiasi altra parte, nella stanza e non dentro un armadio. Si dicono anche delle parolacce, dànno dei colpi qua e là. L'anta si apre poco, penso che stiano uscendo, esce solo una pallina da tennis, Federico si porta le palline da tennis dappertutto.

Poi non ci penso piú, che sono lí. Giro per la casa, riporto le cose dove stavano prima del loro passaggio, guardo la televisione. Sotto suonano il clacson con insistenza, qualcuno deve togliere la macchina. C'è un uomo in piedi, il braccio dentro il finestrino a pigiare sul volante. Suona poi gira la testa tutt'intorno per vedere se succede qualcosa, se qualcuno esce fuori a riprendersi la macchina. Passa un'ora, nessuno esce, io sempre fuori sul balcone. Torno dentro, vado a cercare Martina e Federico, non li trovo. Torno in camera, davanti all'armadio. Lo apro e sono seduti sul fondo che dormono incastrati nel poco spazio, Federico la testa sulla pancia di Martina.

C'è un ufficio in cui sono schedati tutti gli articoli che parlano della nostra azienda. C'è una signora che ogni mattina prende i giornali, li sfoglia piano, legge i titoli, se vede il nome dell'azienda ritaglia, infila in un album, butta via il giornale. Oggi sono finito nel suo ufficio perché cercavo la mia sedia. Stamattina sono entrato nel mio ufficio, la sedia non c'era.

Nessuno l'ha vista, mi hanno detto negli altri uffici. Ognuno ha la sua, ci sta seduto sopra. Se gli chiedi Hai visto una sedia ti dice no, che lui ha solo la sua, e che Magari! ne avesse vista un'altra. Se gli chiedi perché Magari!, non ti risponde, dice Si fa per dire. Poi ti dice Forse in corridoio ce n'è una, e ti accompagna fin sulla soglia pattinando sulle rotelle senza mai sollevare il sedere, fosse mai che uno si alza, gli rubano la sedia da sotto il culo.

Sono finito nella stanza della signora che taglia i giornali. Ho chiesto Permesso perché ho visto che c'era una sedia libera, mi ha detto Avanti. C'erano giornali aperti dovunque, sul pavimento. Sembrava

47

dovessero dare il bianco alle pareti. La signora mi è venuta incontro con un paio di forbici grandissime, me le sventolava davanti come volesse tirarmi via il naso da dov'era.

La signora mi ha fatto vedere tutti gli album con gli articoli. C'è la faccia del direttore del personale da tutte le parti, che stringe mani, fa sorrisi, scende dagli aerei, saluta con la mano mentre scende dagli aerei. Dice la signora che sono articoli da tutto il mondo, dice Anche dalla Polonia. Mi fa vedere tutti questi fogli che non si capiscono, sono scritti in un'altra lingua. Mi dice Nessuno lo sa, cosa c'è scritto. Un giorno, aggiunge, ho chiesto al direttore del personale se dovevamo farli tradurre, mi ha detto Ma che importanza ha quello che c'è scritto dentro.

Comunque quella sedia non è di nessuno, dice, ma non la può usare. Ma perché, Perché ha i braccioli. Dico Ah. Dice i braccioli sono dei dirigenti, l'ha comunicato il direttore del personale. Chiedo di nuovo perché, mi dice che il direttore del personale ha comunicato che solo i dirigenti devono incrociare le mani per riflettere. Per incrociare le mani per riflettere, ha aggiunto, servono i braccioli per poterci appoggiare i gomiti sopra, il corpo piú rilassato. Dico Ah. Mi chiede Tu incroci spesso le mani per riflettere? Dico No. Dice Appunto.

Prima che mandassero via l'ex direttore vendite mi avevano mandato a fare il corso per diventare quadro. Mi aveva convocato il direttore del personale, Le stiamo offrendo una grande opportunità di crescita. Lí accanto a me c'era il direttore vendite, ancora non puzzava di morto. Annuiva, aveva detto Un'opportunità da non perdere, mi aveva stretto la mano. Il direttore del personale mi aveva detto che il corso per diventare quadro si faceva in montagna, c'era da divertirsi. Inseguire la gente mascherati, buttarsi col paracadute, fare la caccia al tesoro.

Di ritorno dalla montagna mi avevano fatto l'applauso, ero diventato quadro. Eravamo in tre, i tre che erano tornati dalla montagna a fare i giochi di ruolo. Là avevamo fatto un sacco di escursioni, ci fortificavano il carattere. Ci aggrappavamo alla roccia stretti dentro imbracature succinte, rincorrevamo gli stambecchi saltando da un masso all'altro sulle pietraie, sparavamo alle lattine sugli alberi con il fucile ad aria compressa, ci buttavamo giú dalle rapide in gommone, dicevamo le bugie senza sbattere le ciglia. Molti avevano ceduto dopo i primi giorni, la tensione psicologica. Ci tenevano sotto osservazione, non ci facevano telefonare a nessuno, se eri un po' debole di nervi saltavano in aria tutti gli equilibri del cervello. Ci ripetevano continuamente Siete qui per abbandonare il vostro sistema di valori, un'inutile zavorra. Abbandonatelo a cuor leggero, ci dicevano, ve ne forniamo uno noi già confezionato. Solo, dovevamo accoglierlo senza opporre resistenza.

Adesso il direttore del personale dice che devo fare un altro passo avanti nelle caselle dell'organigramma, c'è un rettangolo vuoto nella dirigenza vendite. È stato un errore di valutazione, l'ex direttore vendite, il cavallo sbagliato. Lei si sta conquistando autorevolezza, l'ho vista lí davanti, alla convention. Mi guarda pieno di sorrisi, e dice Sa da cosa si capisce? Si capisce dal fatto che i dipendenti cominciano a temerla, li sento nei corridoi, un buon segno. Dice La gente sente l'odore, lo sa che se l'ex direttore vendite non è piú con noi è stato anche, indirettamente, grazie a lei, il nostro nuovo purosangue.

Qui in ospedale non ci sono piú corpi, ma spoglie di pelle aggrappate alle ossa come camici all'attaccapanni. L'ex direttore vendite l'hanno raccolto in un letto vicino ad altri che come lui non dicono piú niente. Sono salme di grinze, cute gialla e sgualcita e occhi da cui lo sguardo se n'è andato. Mi hanno chiamato questa mattina che la situazione era grave, l'ex direttore vendite. Mi hanno telefonato di sbrigarmi, non è ancora morto, e i bambini che adesso sono sotto in macchina, in mezzo al parcheggio vuoto.

Sta arrivando anche l'ex moglie, dell'ex direttore vendite. Sta correndo in macchina anche lei, con una mamma di fianco che non dice una parola.

Nei corridoi c'è solo gente che non dice e non fa. Che arranca nel sudiciume della deriva fisica, con i capelli come erba marcita e la curvatura in avanti di chi vada verso il basso, di chi si lasci smottare verso i piedi a chiudere il cerchio con il corpo.

Gentile Ines Citterio,

è con grande gioia che mi accingo a scriverle queste poche righe di ringraziamento. L'onore, che lei mi ha concesso, di prendere parte alla celebrazione del suo matrimonio, difficilmente potrà essere cancellato via dal tempo. Vorrei quindi che ricevesse questa mia lettera con lo stesso piacere, la stessa gratitudine e lo stesso stupore con cui io ho aperto il suo invito. L'AMORE DI INES E MARIO HA BISOGNO ANCHE DI TE, e accanto la vostra foto, abbracciati di fronte a un tramonto luminoso e struggente. Con i polpastrelli sudati per l'emozione ho infilato la busta tra le pagine della mia agenda e, mi perdoni l'ingenuità dell'espediente, ho fatto un nodo al fazzoletto: dimenticarsi di una data cosí importante sarebbe stato un peccato imperdonabile.

Questi ringraziamenti le arrivano tardivi, ma sono certo che, conoscendo da vicino la frenesia della mia attività, vorrà perdonarmi. Colgo l'occasione anche per ringraziarla per la gentilezza che i suoi genitori hanno usato nei miei confronti all'indomani delle nozze. Che emozione, trovare di fronte alla porta del mio ufficio una bomboniera cosí originale e al tempo stesso cosí piena di significato! Eppure, come certo potrà immaginare, la composizione di uova fresche, pomodori rigogliosi, albicocche, pesche e lattughe disposte con gusto dentro un'elegante cesta di vimini, mi hanno preso in contropiede. Quanta natura, cara Citterio! Persino i miei colleghi in transito non hanno mancato di sottolineare con parole di elogio la peculiarità del dono! Porti dunque i miei ringraziamenti anche a sua mamma, con la quale peraltro ho avuto già modo di conversare durante i festeggiamenti. Dopo aver declinato il suo caldo invito a partecipare alle danze di liscio nel parco, mi ha fatto fare la conoscenza di tutti i vostri simpatici conigli, dei maiali e delle galline che razzolano piene di allegria nel vostro cortile.

Vorrei infine ringraziarla per la lezione di vita che mi ha dato. Vede, cara Citterio, io sono sposato ormai da molti anni. La mia, come saprà, è un'unione perfetta, che anno dopo anno ha saputo consolidarsi e arredarsi di piccole grandi cose, di piccole grandi verità. Ma su un fronte, cara Ines, lei ha saputo stupirmi: la sua capacità di mettere questo amore che prova per Mario al di sopra di tutto. Come si dice in questi casi, *Amor vincit omnia!* Ne ho avuto gioiosamente la conferma ieri sera, quando, passata da poco la mezzanotte, ho provato a chiamarla per confrontarmi con lei su alcune questioni inerenti la ristrutturazione imminente della nostra azienda. Il suo telefono suonava libero, ma ciononostante lei non rispondeva. Ho continuato a richiamarla per oltre venti minuti e per oltre venti minuti lei ha resistito all'istinto di alzare la cornetta e accorrere come sempre agli allarmi. Questo le fa molto onore, Ines. Bravissima, Citterio! Bravissimo anche

Mario, che ho immaginato lí con lei a rafforzarla nel suo proposito! Ecco quello che io non sono mai riuscito a fare, il fronte sul quale sono sempre caduto in tentazione! Due giorni prima, analogamente, avevo provato a chiamarla pochi minuti dopo le tre del mattino, ma il telefono era spento, cosí come era spento lungo tutta la giornata di domenica. Che lezione di vita, mi sono detto ascoltando il messaggio vocale della compagnia telefonica! Che grinta! Se penso che soltanto un mese fa lei rispondeva prontamente alle mie chiamate notturne, che si dava disponibile per qualsiasi emergenza, e che trovarla alla scrivania la domenica era diventata una consuetudine, mi chiedo ammirato come abbia fatto a scamparla! Di fronte a tanta integrità, cara la mia Citterio, mi levo su il cappello!

Solo adesso capisco fino in fondo la portata della sua impresa. Se lei è riuscita là dove io ho fallito, ciò è avvenuto proprio in virtú di quel ricco cesto adagiato di fronte al mio ufficio, pronto a diventare riserva per l'inverno. E se tutto ciò è avvenuto, mia cara Ines, è stato anche grazie alla passione con la quale sua mamma è riuscita a trasmetterle un sistema di valori in cui conigli, galline, mariti, maiali e danze sono tessere di uno stesso mosaico. Brava, Ines! Proprio adesso che per la quarta volta nella notte faccio squillare il suo telefono e che per la quarta volta lei riesce a vincere la tentazione di rispondermi, proprio adesso capisco che la sua è un'impresa nella quale pochi altri potrebbero riuscire. Non ceda alla debolezza, allora! Si dedichi totalmente a questa missione! Soprattutto non perda tempo con le sciocchezze del lavoro! La famiglia, prima di tutto, Citterio. Per cui abbandoni la sua scrivania! Lo faccia in fretta, e senza scrupoli, entro e non oltre le 15 di venerdí 30 c. m.!

Nell'attesa di ricevere altre uova fresche, cara Ines, le chiedo di deporre all'ingresso le chiavi dell'ufficio.

Cordiali saluti

L'ex moglie del direttore vendite è arrivata che io ero davanti agli ascensori, le panche le hanno messe lí di fronte. C'è questa bocca di metallo che sputa fuori barelle come le valigie dopo l'atterraggio. E ci sono queste persone che aspettano il proprio, di bagaglio, si alzano gli corrono accanto e non dicono niente. Intanto quello se ne va sulle sue rotelle come i carrelli della spesa, e dietro c'è tutta l'operosità bianca degli infermieri che li spingono chissà dove.

Quando mi ha visto mi ha stretto la mano da dietro gli occhiali da sole, ci siamo fatti le presentazioni. Gli ascensori sputavano fuori quegli involucri di pelle e noi che ci raccontavamo chi eravamo, con l'automatismo accumulativo di chi cerchi di procrastinare i dettagli del premorte. Le ho detto dei bambini nel parcheggio, mi ha detto che c'era anche sua madre nel parcheggio, dentro un'altra macchina che l'aspettava.

Le ho detto dei fili che irretivano il marito, sul letto. Delle flebo che sembrano sempre all'ultima goccia di sussistenza, e degli occhi chiusi. Lei annuiva dietro le lenti scure degli occhiali, mentre io indietreggiavo verso gli ascensori. Le ho chiesto se voleva salutare i bambini. Mi ha detto Preferirei che li portasse al mare, io rimango qui e gli sto vicino. Presto, però, non aspetti troppi giorni. Mi ha dato le chiavi, una casa sulla costa in cui l'ex direttore vendite andava coi bambini qualche settimana l'estate. Lei ci avrebbe raggiunti lí.

Quando sono arrivato nel parcheggio, la nonna era accanto alla mia macchina che parlava piano davanti ai finestrini. Dentro c'erano Martina e Federico, chiusi a chiave che sillabavano con la bocca larga e storta di chi voglia farsi capire da dietro la chiusura ermetica dei finestrini elettrici. La nonna percorreva con la punta delle dita il perimetro dei vetri. E loro, da dentro, mettevano le mani dove le metteva lei, si toccavano per finta come i carcerati.

Le ho messo una mano sulla spalla e si è girata piano, la nonna. Mi ha guardato come fosse normale, non ci eravamo mai visti. Quando ho aperto, i bambini le si sono avvinghiati addosso, Martina davanti e Federico dietro con la guancia schiacciata contro la sua gonna. Ma non le hanno chiesto nulla, a lei che non capiva. È il fiuto che hanno i bambini per la morte. Si parlavano come naufraghi, che non sanno cos'è successo, ridono, e ancora non credono alla terraferma.

Sono andato a prendere il direttore del personale che arrivava dal Brasile, quando siamo arrivati gli hanno mandato in frantumi la finestra, una pallina da tennis. È atterrato che ero dentro l'aeroporto, avevo un cartello alto con su scritto il nome della nostra azienda nella folla dei parenti che aspettavano i parenti. Mi è venuto incontro, mi ha chiesto di portare la macchina all'uscita, ci caricavamo su tutto il caffè che aveva comprato per i dipendenti.

Ogni tanto facciamo queste riunioni nelle sale d'aspetto delle stazioni, all'aeroporto poco prima dell'imbarco, nelle macchine dentro i parcheggi. Mi telefona la sera tardi, mi convoca per questi incontri adulterini, io salto in macchina e lo raggiungo, lo porto dove deve andare. Poi stiamo col motore acceso, lui mi parla veloce delle urgenze dell'azienda, dice Le decisioni importanti si prendono prima di aprire la portiera. Poi salta fuori e lo guardo allontanarsi, l'orecchio già dentro il telefono che fa i gesti alle macchine che non lo lasciano passare dall'altra parte della strada.

Si scusa per il ritardo, Sa come sono questi piloti brasiliani. Carichiamo la macchina di pacchi, lui che me li passa, io che li incastro nel bagagliaio. Finalmente un po' di tranquillità, dice abbandonandosi sul sedile, Me la sono proprio meritata. Mi ringrazia per essere venuto, L'ho vista un po' scontento negli ultimi tempi volevo capire se c'è qualcosa che non va. Dice che prima di tutto si considera mio amico, aprirgli il cuore, vuotare il sacco. Guarda fuori dal finestrino che già si è dimenticato la domanda che mi ha fatto, Sa che io questi cantieri non li sopporto piú? Sa che negli altri paesi i cantieri non durano tanto come qui? Poi fa un salto sul sedile, ha incontrato con lo sguardo la rana di Federico appostata sul cruscotto.

Dice che in Brasile ballano sempre, loro sí che sanno divertirsi. Sanno godere delle cose semplici, lui gli ha insegnato anche un po' a lavorare che c'è tanta sofferenza forse perché ballano un po' troppo. Comunque vuole aprire una sala da ballo anche da noi, il mese prossimo viene uno dal Brasile, insegnarci un po' di cose, muovere i fianchi come Dio comanda. L'esperimento dei campi sportivi è stato un gran successo, vero? Dice che sono tutti piú allegri anche nella nostra azienda, quasi quasi facciamo un torneo, gioca anche lui. Poi ritorna a parlare del mio scontento, Perché non si riposa un po', vedrà la sorpresa che le facciamo trovare al suo ritorno.

Quando siamo entrati nel cortile c'erano un po' di dipendenti che giocavano a tennis. Ci siamo fermati a guardare a bordo campo, diceva Bravi e batteva le mani, poi urlava suggerimenti tutto rosso in faccia, diceva Gli vada incontro, a quella palla! Il dipendente si girava diceva Grazie, quello dall'altra parte nel frattempo faceva punto, il direttore gli gridava Imbranato!

È entrato in campo col vestito scuro e la cravatta, Ti insegno io, ha detto all'imbranato. Gli tirava le palle piano, gli gridava di tirarle dall'altra piú forte che poteva, quello ci provava, le tirava sempre alte contro il muro. Lui gli urlava che doveva giocare a baseball, non a tennis. Gli ha lanciato una pallina sul piatto della racchetta, l'imbranato ha preso la rincorsa, l'ha tirata via che è finita contro la finestra, gliel'ha mandata in pezzi.

In azienda sono tutti vestiti con i bermuda e le infradito, nessuno mi ha detto niente. La segretaria del direttore del personale ha una collana di fiori, fa le foto a tutti i dipendenti che girano per i corridoi. Dopo corre dal direttore, gliele fa vedere, lui fa sí con la testa tutto gongolante e poi rientra nel suo ufficio anche lui con i bermuda, i piedi dentro i sandali.

Sono davanti all'ufficio del direttore del personale, dirgli che allora starò via per qualche giorno. Sono davanti alla porta e vedo che mi passano davanti, mi guardano male che porto la cravatta e il completo scuro come sempre. La segretaria mi punta l'obiettivo contro, mi dice Non va mica bene, vestirsi cosí. Dice che rischio un richiamo scritto. Mi trascina nel suo ufficio, tira fuori un kimono, dice Prova se questo ti sta bene, è di mio marito. Lo indosso, alza il pollici verso l'alto, mi fa la foto. Dice Cosí sei impeccabile. Non ti preoccupare per le scarpe, se cammini scalzo sei perfetto.

Esco col kimono e incrocio il direttore del personale, che mi porta nel suo ufficio. Dico le volevo proprio parlare, dovrei partire, un'urgenza. Potrei approfittare della settimana di chiusura per le pulizie dell'hoteling. Ci sediamo dirimpetti sulle poltroncine di velluto, io vestito da giapponese, lui con l'abito da villaggio turistico. Mi parla di investimenti futuri e strategie di comunicazione, di qualità totale e finalizzazione. Mi accorda il permesso e mi raccomanda ancora l'autorevolezza. Mi parla come fossimo entrambi incravattati, ufficialmente seduti a pianificare le sorti dell'azienda. Invece io sono col kimono e lui con i bermuda e i piedi dentro i sandali.

Poi mi dice Che ne pensi di questa strategia di valorizzazione delle individualità del personale? Chiedo Quale, lui mi indica il mio abito da samurai. Dico Non c'è male, grazie. Aggiungo Comodo, passandomi la mano sui fiori disegnati sulla stoffa. Replica Sono contento, ero sicuro di averti dalla mia. Un giorno alla settimana, mi spiega, siamo tutti invitati ad essere noi stessi, il venerdí. Dico Grazie dell'invito, proverò anch'io a essere me stesso. Il venerdí mattina uno si alza, guarda il calendario, vede che è venerdí, si veste un po' come gli pare.

È una bella novità per valorizzare le persone, dice. Gli altri giorni uno si alza, vede che giorno è, non è venerdí, deve mettersi la cravatta, deve mettersi il tailleur e i tacchi alti, è un esercizio di professionalità, non è guardarsi e scegliere la persona che vuoi essere quel giorno.

Bussano alla porta e lui urla Non dovete bussare, oggi! Entrate, fate come foste a casa vostra! Quante volte ve lo devo ripetere! Entra l'assistente del direttore generale. È vestito con un camiciotto a quadri, sembra uno sceriffo. Il direttore del personale dice Non solo i vestiti sono liberi di essere come vogliono, il venerdí. Anche le persone devono comportarsi come vogliono. Datemi del tu che questo è il giorno dedicato alle persone, che si veda che siamo veramente tutti amici anche se gli altri giorni ci diamo del lei. Chiamatemi per nome, chiamatemi Giancarlo. Ehi, Giancarlo, dice l'impiegato vestito da sceriffo. Uè, risponde lui, dimmi tutto, caro. Quello dice Gianca, se alzi il culo dalla sedia e vieni un paio di minuti in segreteria mi fai contento. Cosí mi piaci, esulta il direttore del personale. Informalità e amicizia dichiarata.

Hanno voluto stare dietro vicini, senza le scarpe e con i piedi sui sedili. Da lí fanno la conta dei negozi di ferramenta che ci sono lungo la strada, a me chiedono soltanto di tenere il conto e di guidare. Il primo che raggiunge i dieci ferramenta vince un cacciavite, hanno questa ossessione. Lui seduto, lei in ginocchio, ognuno guarda fuori dal suo finestrino come quando si arriva in villeggiatura, che tutto va registrato, finisce sull'estratto conto della felicità.

Dallo specchietto li vedo poco, se ne stanno fuori dal mio campo visivo piú che possono. Si gridano numeri e nomi all'improvviso, esplosioni vocali. Guidare un taxi dev'essere questa imprevedibilità dell'ascolto portata a spasso col tassametro, mozziconi di cose che sbarcano all'improvviso nelle orecchie, che aggiungono o sottraggono silenzio alla strada.

Quando devono chiedermi qualcosa mi chiamano Ambrogio, perché Ambrogio è il signore di una pubblicità di cioccolatini in televisione, lui fa lo chauffeur, dietro c'è una donna che ha mille voglie e sempre chiama Ambrogio. Loro si danno le arie e poi mi dicono Ambrogio, un cioccolatino, io lo tiro fuori, mi aveva avvertito l'ex direttore vendite che c'era da fare il gioco di Ambrogio, quando si va in macchina.

Stiamo andando al mare. Ci siamo alzati presto, stamattina, sparecchiare la cena di ieri, rimettere in sesto la casa, cambiare la sabbia al gatto. Abbiamo fatto colazione sul balcone, Martina che apparecchiava il tavolino, tre tovagliette, due scodelle per loro e per me la tazzina che i grandi non bevono piú il latte. Erano le sette e noi eravamo in tre senza dirci una parola. Abbiamo finito in fretta, sbaraccato il tavolino in corsa e poi Martina e Federico in piedi su una panca davanti al lavandino, lei lavava le scodelle, lui le asciugava e le impilava accanto.

Cosí adesso siamo in viaggio, nell'ultimo pezzo di città con i negozi. Poi si addormenteranno dietro, sdraiati sul sedile, Martina con la testa accanto ai piedi di Federico e viceversa, come scarpe nella scatola. E io allora cercherò di non fermarmi per non sbattere la portiera, non fare la pipí. Spererò di rimanere da solo a fare lo chauffeur di due bambini a cui non so che cosa raccontare, solo farli ridere, portarli nell'acqua, mangiare la pizza con le mani, fare i disegni sul terrazzo, contare gli aerei che pulsano di notte.

Aspetterò una telefonata, e intanto li riempirò di tatuaggi, quelli che si fanno alle fontane con l'acqua sopra e poi lo scorpione che ti compare sulla spalla, la rosa sulla schiena. Ci tingeremo i capelli di rosso, Federico si metterà all'orecchio le pinzette metalliche dei calzini e sarà il suo pezzo di adolescenza a quattro anni. Martina sarà la mia fidanzatina con gli occhiali, le farò mille complimenti, le sue gambe da stambecco le ginocchia al petto sulla sedia mentre mangia. E spererò che non mi facciano domande, che non mi chiedano niente. Vorrei continuassero a dormire per farlo riposare, il padre col suo fegato sbagliato, quello che il suo corpo non voleva. Non dire niente nemmeno io, cancellare le parole, non pensare se non agli autogrill che danno i numeri ai chilometri.

Allora mi fermerò in una piazzola di sosta per perdere anch'io i pensieri, lasciarmi dietro la visita di ieri all'ospedale. I tubi che gli uscivano dal naso, il boccione della flebo, metà della clessidra, l'altra metà il suo corpo. Non mi diceva nemmeno le parole, solo sempre verde sulla faccia, i capelli sudati, il malodore. E quel ragazzo crepato per niente, un fegato da buttare, e un corpo che non lo accetta come un figlio venuto male. Guiderò, e non penserò a loro due, qua dietro, come a due bambini abbandonati sul ciglio della strada poco prima che passassi io.

Gentile Irma De Mello,

innanzi tutto, buon compleanno! Questa mattina lei ha occupato il mio primissimo pensiero: mentre mi liberavo delle lenzuola e infilavo i piedi nelle pantofole che sempre tengo parallele accanto al letto, il mio sguardo si è posato sul calendario. C'era un punto esclamativo accanto alla data di oggi. E accanto, in maiuscolo, c'era scritto IRMA DE MELLO COMPIE GLI ANNI. È mia abitudine, come certo saprà, appuntarmi i compleanni di tutti i dipendenti dell'azienda, e provvedere in giornata a omaggiare personalmente gli interessati con una calorosa stretta di mano. Ma lei è una persona speciale, lo sa, ed è per questo che ho deciso di sedermi alla mia scrivania e scriverle la presente.

Da molte settimane in verità penso a lei. A dirla tutta, è da molte settimane che lei è il mio ultimo pensiero prima di addormentarmi, la sera, e il primo dopo il risveglio, la mattina. Pensi che è da un po' di giorni che mia moglie, prima di rivoltarsi su un fianco e abbandonarsi al meritato riposo, mi chiede a che cosa io stia pensando. E immancabilmente rispondo: sto pensando a Irma De Mello. Finirà per ingelosirsi! Ma no! Non si preoccupi! Sa bene che la famiglia è l'investimento principale della mia vita. Per dirla con un linguaggio che, cara De Mello, ben conosce, i miei cari rappresentano il mio core business.

Ma oggi è un giorno del tutto particolare. Perché festeggiamo anche, che coincidenza!, i trent'anni della nascita della nostra prestigiosa azienda. Quindi comincio col fare a lei in via del tutto privata un ringraziamento che poi nel discorso di questo pomeriggio estenderò a tutti i dipendenti. E dunque: grazie! Grazie, Irma De Mello!

Lei sa bene che se l'azienda ha raggiunto i risultati che ha raggiunto il merito è in buona parte suo. E, per andare piú nel dettaglio, se l'ufficio del personale, che io indegnamente dirigo, ha acquisito la credibilità che gli è propria, il primo grazie, nuovamente, deve essere rivolto a lei. Quando cinque anni fa la accolsi nel mio ufficio, non ebbi neppure un istante di esitazione. Sarebbe stata lei ad affiancarmi nel difficile compito della gestione delle risorse umane. Lei allora era fresca di università, bella di quella bellezza slanciata e non civettuola che è merce rara sul mercato. Mi sorrise, e subito seppi che non me ne sarei pentito!

Avevo ragione, cara De Mello. Non mi sono mai pentito, e anzi la sua affascinante presenza a pochi metri da me ha sempre reso il disbrigo delle pratiche piú gaio e spensierato. Gestire le risorse umane assieme a lei era come guidare col pilota automatico e poter guardare fuori dal finestrino. Come lei sa, la nostra è sempre stata una collaborazione la cui parola d'ordine era:

dialogo. Ricorda cosa le dissi appena la vidi entrare nel mio ufficio? Al primo posto ci sono le persone, signorina. E dunque: dialogo dialogo dialogo. Negli anni, cara De Mello, noi siamo stati efficientissimi ad applicare questa regola. Non sto a ricordarle quanto dialogo, tra noi due, nei dopolavoro, in quelle cene organizzate per non ridurre la collaborazione a un freddo scambio di informazioni. Non sto a ricordarle, cara De Mello, quanto dialogo nelle trasferte di lavoro! Non sto a ricordarle, infine, quanti piccoli sotterfugi, ma pensi!, per poterci ricavare qualche week-end o qualche sporadica serata per dialogare ancora un po' in intimità, per continuare ad affermare contro tutto e contro tutti che il lavoro non è soltanto cortesia e sollecitudine, che il lavoro non è soltanto burocrazia e gerarchia, ma rapporto umano! Rapporto umano, cara De Mello!

Oggi, dicevo, la ricordo con piacere perché è il suo compleanno. Trent'anni sono importantissimi! Io, ahimè, quel tempo posso andarlo a recuperare solo negli album fotografici. E la ricordo con particolare affetto per via di quello spiacevole incidente d'auto che un mese fa l'ha costretta su una sedia a rotelle, paralizzata agli arti inferiori e con il volto ormai sfigurato. Che dispiacere vederla manovrare per l'ufficio sulle due ruote! Eppure con quanta perizia e agilità ha ormai imparato a destreggiarsi con il suo nuovo mezzo! Quindi auguri ancora piú col cuore in mano, carissimissima De Mello.

Certo, il nostro dialogo ne ha un po' risentito, come era inevitabile. E le trasferte, che davano ossigeno e vitalità al nostro ufficio, sono inevitabilmente cessate. Mi dispiace moltissimo, cara De Mello, perché mi rendo conto giorno dopo giorno che lei ha bisogno di quel dialogo. Perché senza dialogo mi sfiorisce davanti, come le piante a cui manchi l'amorevole cura del giardiniere. È per questo, le dirò la verità, che nelle ultime settimane lei ha rappresentato il mio ultimo pensiero prima di andare a dormire, la sera, e il primo dopo il risveglio, la mattina.

Ma finalmente ieri sera sono venuto a capo di tutti i miei rovelli. Ho capito: lei ha bisogno di nuovi stimoli. E proprio nella notte ho avuto la mia epifania. Avevo appena messo a letto le mie due bambine, Ludovica e Benedetta. Come tutte le sere, mia moglie ed io ci godiamo un momento di intimità di fronte al televisore. La luce del catodo ci rende piú uniti e piú sinceri: è sempre davanti al televisore che risolviamo i problemi sostanziali che la vita ci presenta sul nostro cammino.

Ecco: proprio facendo zapping siamo incappati in una trasmissione sportiva. L'argomento: lo sport per disabili! Mentre io e mia moglie eravamo abbracciati, come sempre quando guardiamo il televisore, hanno trasmesso un servizio sulle paralimpiadi. Ma è un'invenzione meravigliosa! Quanto agonismo, quanto entusiasmo, e soprattutto quanta gratificazione! Tutti gli atleti, nessuno escluso, avevano enormi ed euforici sorrisi sul viso!

È a questo punto, cara De Mello, che ho pensato a lei. È a questo punto che ho pensato contemporaneamente alla sua mancanza di stimoli dell'ultimo mese e alla perizia con cui manovra la carrozzina negli spazi piú proibitivi dell'ufficio. Allora ho capito con lucidità e con il cuore traboccante di affetto per lei, cara De Mello, che è questa la sua strada, che soltanto andando in quella direzione potrà ritrovare il sorriso che ha perso! Ed è per questo che mi sono permesso, come avrà già capito dal pacco di cui questa lettera è l'indegno accompagnamento, di donarle una carrozzina da corsa. È la migliore in assoluto, me l'hanno assicurato. È esattamente quella che usano gli atleti piú famosi al mondo.

E allora prenda il coraggio a due mani e vada a riconquistarsi il suo sorriso, cara De Mello. Getti il cuore oltre l'ostacolo e scappi da questo posto a gambe levate.

Cordiali saluti

P. S. Può lasciare le chiavi dell'ufficio alla portinaia, grazie. Si senta libera di correre incontro ai suoi sogni a decorrere dal 31 c. m.

Li ho lasciati andare a fare la spesa da soli. Qui al mare è tutto molto piú piccolo, non ci sono le macchine. Siamo qua e tutto sembra lontano, raccolti in questo spazio che per loro è vacanza, per me l'attesa di qualcosa. Federico si è voluto portare dietro la calcolatrice, Martina non è capace a fare i conti, ci danno il resto sbagliato. Martina dice che non è vero, dei calcoli. Dice fammi una domanda, lui dice Quattrocentoventimille miliardi per diciassettemillesettantuno milioni virgola cinquantaquattro piú due diviso sette. Martina alza gli occhi sopra gli occhiali, guarda in alto, mette un sorriso in bocca come due mani avanti. Si poggia il dito sulle labbra, prende tempo dice Ehm, Federico ride tutto che si contorce le mani, Non sei capace. Vedi, che non sei capace. Lei si mette a ridere, diventa rossa dice Cosí non vale, ci sono troppe virgole, gli corre dietro che urlano tutti e due.

Quando escono Federico ha la calcolatrice in mano e schiaccia i tasti a caso. Quattro milioni di miliardi diviso settantasette centomille. Un miliardo per tremila miliardi di miliardi. Ride forte da solo e s'inventa i risultati, Martina cerca di tirarlo via per mano, dicendogli Non fare lo scemo che dobbiamo andare a fare la spesa. Chiudo la porta che ancora Federico urla cifre per le scale, arrivano sotto mi suonano al citofono. C'è Martina che mi chiede quanto pane deve prendere, dietro Federico che urla cento miliardi di pagnotte.

Dopo mezz'ora suonano di nuovo, Martina dice che hanno comprato le pagnotte ma non si sono ricordati le sigarette. Chiedo se hanno fatto bene tutti i calcoli, Federico dice che hanno speso poco, col resto si sono comprati una moto da corsa. Va e viene intorno al citofono, ogni tanto non lo sento. Dice che la moto l'hanno comprata usata, l'hanno comprata per me che non ce l'ho. Dico nella cornetta del citofono che non ne avevo bisogno, della moto, che comunque sono contento del regalo. Dice aspetta che faccio i calcoli, dice se la riportiamo indietro possiamo comprare altri cinque milioni di pagnotte.

Nel frattempo mi suonano alla porta, apro che ancora Federico mi parla dal citofono, è Martina che è salita su, non lo sopporta quando parla cosí tanto. Dice Non lo sopporto, quando parla cosí tanto, mentre lui continua a dirmi che se vende le pagnotte che ha comprato riportando indietro la moto da corsa si compra una nave gigante e non torna piú. Martina scuote la testa sconsolata, dice È proprio scemo. Mi prende la cornetta, dice Federico, siamo morti di noia. Lui dice Va bene, allora vengo su che faccio il calcolo di quanti gradini ci sono e se se ne rompe uno e mezzo quanti ne rimangono.

Martina mi ha svegliato che era quasi buio. Mi ero sdraiato mezz'ora prima, avevo tolto gli ormeggi, sarei andato avanti fino al mattino. Li ho lasciati che lei insegnava a Federico il gioco dei somari. Lei gli faceva delle domande difficili, se lui sbagliava lo chiamava somaro. Era un gioco che si era inventata, si divertivano. Io avevo detto Mi sdraio ma non mi avevano sentito, erano sul terrazzo che ragliavano e si mettevano le mani sulla testa per fare le orecchie dell'asino.

Quando Martina è montata sul letto facevo un sogno brutto, che mi davano un bambino da tenere in braccio e piú lo tenevo piú diventava piccolo, non sapevo come tenerlo, sempre piú minuscolo, finché diventava piccolo come una biglia mi cadeva in terra non lo trovavo piú. Martina mi ha detto piano nell'orecchio Ramarro, e quando ho aperto gli occhi aveva la faccia davanti alla mia, dietro gli occhiali e rideva. Mi ha detto Ma allora sei proprio un ramarro, ti chiamo e ti svegli, se non eri un ramarro ti chiamavo non eri tu continuavi a dormire. Federico lo sentivo che urlava somaro a chissà chi, fuori. Lo urlava come faceva lui, che lo ripeteva in continuazione, una cantilena.

Erano le sette, mi ha detto Martina, avevo dormito come una pietra. Ogni tanto venivano a guardarmi ero sempre fermo, russavo forte. Quando ancora vivevano tutti insieme, sua mamma non sopportava il papà che russava, la notte litigavano non dormiva nessuno, alla fine si addormentavano alle sei per pochi minuti. Il giorno dopo avevano le occhiaie, si sentivano in colpa tutti e due. Una volta suo papà era andato a dormire nella loro stanza, per via dei litigi, e non avevano dormito loro, quella notte. Gli schiacciavano il naso con le dita, lui faceva il verso dei maiali, loro ridevano, lui continuava, loro si mettevano i cuscini sulla testa.

Mi aveva svegliato perché c'era la musica, non sapevano cos'era, volevano andare a vedere. Mi sono infilato sotto la doccia, continuavo a dormire sotto l'acqua a filini giú dalla cornetta. Ho detto Vestitevi bene che usciamo. Quando sono uscito dal bagno erano già davanti alla porta che cantavano la canzone del girino seduti sui gradini, Martina con la borsetta sotto il braccio. E il girino dice guarda, la rana dei miei sogni, tutti dicono sfacciato, nemmeno ti vergogni. Il girino dice Amore, e negli occhi ha un cuoricino, te lo chiedo per favore, vieni ancora piú vicino.

Siamo arrivati in strada che era piena di persone. Camminavano tutti verso la musica, alla bocciofila, la festa di sant'Anna. Martina e Federico mi correvano davanti e ogni pochi metri si voltavano indietro, in mezzo alla gente, e mi cercavano, li salutavo. Questo paese sopra il mare, che è un corridoio corto dove la sera cantano le rane, tutte quelle persone chissà da dove erano venute fuori. Noi come loro lí in mezzo ben vestiti per la festa, camminare anche noi.

La bocciofila erano mille tavoli di legno e un piazzale, i menu scritti a pennarello sul cartone, la gente seduta con la testa nei piatti di plastica. Dentro ci si muoveva a stento, li tenevo stretti, uno per mano. C'era la musica altissima su un palchetto all'angolo, il cantante con la camicia a quadri, la cantantessa col vestito, un ragazzo dietro che picchiava lento su una batteria. Ci siamo messi in fila, prendere i bigliettini per mangiare, fare la coda dalle patatine, loro che mi saltavano davanti, vedere che buttano dentro l'olio le patatine surgelate.

Al tavolo eravamo gli ultimi tre di una tavolata di gente che già si conosceva, parlavano in dialetto, si raccontavano le cose. Martina e Federico ridevano per tutto quel rumore, la folla di persone che si era buttata davanti al palco e ballava e batteva le mani. C'era un signore alto col marsupio che ballava delle canzoni tutte sue, si agitava scalmanato, saltava, faceva le piroette mentre gli altri ballavano i lenti, lui aveva il suo ritmo ogni canzone lo stesso. Martina mi diceva Guardalo, io lo guardavo ridevamo forte con la bocca aperta, e tornavamo a guardarlo a ridere, Federico affondato nella maionese.

Il cantante aveva messo su la faccia dei grandi concerti e gridava E adesso tutti su le mani, la gente non ce la faceva piú. C'erano i signori che non ballavano da vent'anni, che si muovevano piano ma aggraziati, e i ragazzi che si accendevano le sigarette battendo il tempo coi piedi, guardare le ragazze ballare queste canzoni di tanti anni prima, la base sotto uguale ogni pezzo nuovo.

Martina si era messa in testa che voleva ballare, si tirava dietro Federico, che mi prendeva per la mano. E li ho lasciati andare, solo li tenevo d'occhio. Io che restavo sulla soglia di tutta quella gente, loro che saltavano impazziti vicino all'uomo col marsupio, mi guardavano ridevano, ridevo anch'io. Ogni tanto scomparivano, poi ritornavano fuori, Martina con gli occhiali giú sul naso per il sudore. E alzavano le mani, imitavano gli altri, facevano le piroette pure loro, ballavano i lenti e lei faceva l'uomo, Federico piccolo appoggiato con la testa sul petto di Martina.

Non pensavo, resistevo inadatto, li guardavo, non riuscivo piú a ridere. Loro che poi mi erano corsi intorno, mi avevano tirato per le braccia, saltavo nella mischia insieme a loro, facevamo coreografie tutte storte, e ridevamo con la bocca aperta, davanti al cantante con la camicia a quadri. E adesso su le mani, tutti insieme.

Vogliono fare il bagno di notte, adesso. Mi hanno raggiunto in cucina, stavo stirando le loro magliette piccole, piegate sembrano buste da lettera. Sono entrati in punta di piedi, io che manovravo il ferro con la malagrazia sgualcita del neofita. Me li sono trovati accanto, tutti e due in costume, Martina con i codini e le infradito rosa, Federico la maschera già sugli occhi, le pinne ai piedi. Ridevano piano, appena dei fischi dalla bocca e gli occhi di chi non nasconde la birbanteria. Hanno detto Siamo pronti, ho chiesto Per cosa. Fare il bagno, e sono scoppiati che non ce la facevano piú, le risate grosse e si buttavano in terra si davano spintarelle di complicità e timidezza.

Poco oltre la finestra c'era il mare, il corridoio di luce della luna. Accanto a me c'erano loro, quelle gambe sottili nel neon della cucina, le bocche coi denti sbadati dei bambini. I grandi lo fanno, di infilarsi dentro il mare quando è nero, di farsi deglutire dalla notte sott'acqua. Lasciano i vestiti a riva e corrono verso il mare, ci inciampano dentro. Li ho guardati sul divano, adesso compunti e nell'attesa, sapevano di aver vinto. Ho detto Va bene, ramarri, mi metto il

79

costume. Hanno battuto le mani ridendo come avessi fatto un'acrobazia, avevo solo detto sí.

Siamo usciti dal cancello che non c'era nessuno, il mare pochi metri piú in là. Li tenevo per mano, a destra e a sinistra, e camminavamo piano, con le ciabatte che rinculavano sui talloni nel silenzio della sera. Avevano vinto loro, e io che in casa non riuscivo ad allontanarmi dal telefono. Non riuscivo a non guardarlo, aspettare l'ultima telefonata da laggiú. Eravamo rimasti d'accordo cosí, con l'ex moglie del direttore vendite, sentirsi quando succede qualcosa, l'unica cosa che ora poteva succedere.

Ora stavamo andando verso il mare, già coi piedi nella sabbia fredda della notte. La luce in casa, sopra di noi, era accesa, la finestra aperta versava chiarore sulla spiaggia. Martina e Federico si erano slacciati dalle mie mani e correvano in disordine verso l'acqua, ridevano e avevano paura. Li ho raggiunti, tutti fermi sulla soglia, sui margini di quell'accesso nero, non sapere niente, non vedere, neppure immaginare. Ci tenevamo di nuovo per mano, diafani di quella luce di luna sul mare, le onde piccole che si spaccavano bianchissime sui nostri piedi. Guardavamo avanti senza sapere dove.

Poi abbiamo riso, ho detto Forza, buttiamoci. Loro mi guardavano, Federico che tremava di freddo e Martina a un passo dal pianto, la paura di quello spazio nero in cui le cose non si vedono piú. Ho ripetuto Forza, buttiamoci, prendiamo la rincorsa. E abbiamo fatto qualche metro indietro, verso la finestra aperta, quella bocca di luce. Pronti, ho detto. E guardavamo il mare.

Mentre muovevamo i primi passi, ho sentito il telefono che suonava. Li ho trattenuti appena con le mani, il telefono continuava a suonare. E poi basta, piú niente.

E ci siamo lanciati urlando dentro il mare, io che gridavo Carica e loro Aiuto, le mani nelle mani e gli occhi pieni di quel salto. Correvamo, l'acqua che già ci faceva lo sgambetto e finivamo giú, a fare gli schizzi in quella luce, nel buio, sdraiati nella poca acqua della riva. Il telefono suonava ancora. E noi ci siamo alzati e sempre per mano correvamo dove l'acqua era piú profonda, correvamo contro il mare, col fiatone.

Poi ci siamo fermati, e ho detto Adesso facciamo un tuffo tutti insieme, scompariamo dentro il mare. Hanno detto sí. E ci siamo buttati di testa, e l'acqua nera ci ha inghiottiti. Noi che eravamo Pinocchio, la balena il nostro mare.

Quando ha citofonato, stavamo facendo la pasta per la pizza. Martina pesa gli ingredienti, io li mescolo e Federico è ipnotizzato dalla luce del forno che si scalda. Lo guarda come stesse per succedere qualcosa, eppure rimane sempre acceso a ventilare calore al di là del vetro. Martina ha le guance rosse della prima abbronzatura e gli occhiali che quando si concentra le scendono giú, guarda da sopra come i presbiti.

Abbiamo apparecchiato sul balcone, sopra il mare, sopra le ultime passeggiate della gente. Le otto di sera. Qualche ora e non ci sarà piú nessuno. Quando verrà buio passerà soltanto il fuoristrada della polizia, che non ci sia nessuno a fornicare sull'arena. Qualche notte si fermano sotto la nostra finestra, spengono i motori, fumano, guardano il mare. Ogni tanto si tolgono le scarpe, si rimboccano la divisa sulle caviglie e camminano sul bagnasciuga, parlano piano anche loro.

L'ex moglie del direttore vendite ha suonato che Martina aveva le mani affondate nella pasta, diceva Sembra pongo. C'era farina dovunque, anche sui suoi

82

occhiali. Federico era sul balcone, in ginocchio e con la faccia tra le sbarre della ringhiera a parlare a chissà chi. Faceva indovinelli che la gente, da quanto potevo capire, non teneva in grande considerazione. Lo salutavano e poi sparivano sotto il balcone, tornavano a casa. Lui urlava piú forte, per raggiungerli anche se non li vedeva. Ma quelli non rispondevano e dopo un po' lui cambiava vittima, diceva Ehi, ti faccio un indovinello.

È salita su. Quando è entrata in casa Martina aveva finito la sua palla di pizza e Federico calava giú dal balcone una corda che aveva trovato dentro una cesta. Sotto c'era un cane, voleva fargli mangiare la pizza che aveva fatto sua sorella. Appena l'ha vista Martina le è corsa incontro col suo trofeo di lievito e farina. Federico, voltando la testa, ha detto soltanto Questo cane è un po' stupido, mamma.

Ci siamo stretti di nuovo la mano, ma non voleva fermarsi a cena, di sera non ci vede bene, deve andare piano, con la macchina. È andata sul balcone a raccogliersi il bambino, sempre che parlava giú. E si è seduta sul dondolo, guardava il mare, Martina appoggiata alla ringhiera. Dentro io raccoglievo la farina, spegnevo il forno, avrei mangiato da solo piú tardi, voleva partire, sarebbero partiti. Ho fasciato la pasta con un canovaccio e l'ho infilata dentro la credenza, al caldo col lievito, lasciarla crescere senza bisogno di guardarla; solo lo stupore di dover riprendere le misure ogni volta, dopo, di cambiare la presa delle mani, la pressione sulla superficie, di ricominciare a dare forma.

Mi ha chiesto scusa. Vorrei scusarmi per tutte le cose, e ringraziarla molto. E intanto i bambini tagliavano sghembi la cucina con in braccio gli oggetti della loro permanenza. Si muovevano piano, e sembravano formiche con le provviste per l'inverno da spingere lontano e tornare qui, fino a quando non c'è odore di partire. La mamma guardava le loro traiettorie di ciabatte, e intanto si era seduta al tavolo, in mezzo alla cucina, io che non le chiedevo che cosa ne sarebbe stato.

Hanno raccolto la loro mercanzia vicino alla porta, le borse fatte male dei bambini, con i giochi che bucano il nylon dei sacchetti e gli zainetti che non si chiuderanno mai, le palle dei vestiti a far le gobbe. La mamma era china che li sistemava dentro i pantaloncini, due gesti pieni di energia, io che li rimboccavo sempre come fossero nel letto. Loro guardavano già fuori, oltre la porta chiusa, e strattonavano, andare via.

Intanto nella credenza, al buio, la pasta cresceva. Ho preso il canovaccio, l'ho infilato in una busta. L'avrei lasciata a loro, avrei mangiato altro. Ho detto a Martina Apritelo quando siete a casa, dentro c'è un regalo. E il girino dice guarda, la rana dei miei sogni, tutti dicono sfacciato, nemmeno ti vergogni. Mi si sono arrampicati addosso per un bacio che erano già fuori, la mamma che si caricava le sporte di quel pezzo di tempo che non c'era.

Sono partiti, la macchina che andava via veloce. E dentro c'erano loro, e quel segreto dentro il canovaccio che cresceva accanto a loro, si gonfiava nel caldo dei sedili. L'avrebbero visto soltanto dopo e avrebbero riso, come si trasformano le cose, sembrano piccole e poi no.

Il direttore del personale entra nel mio ufficio, si guarda tutto intorno. Cammina avanti e indietro, si affaccia alla finestra, saluta in strada. Ha visto che panorama?, dice sedendosi di fronte a me. Ha un sorriso compiaciuto e i pollici infilati sotto le bretelle all'altezza del cuore. Le avevo promesso una sorpresa al ritorno, dice, Eccola qua, e allarga le braccia prendendo dentro tutto l'ufficio. Il nuovo direttore vendite! Pensare al primo giorno che l'ho vista entrare qua dentro, ridacchia, non avrei mai sperato di vederla su quella poltrona. Complimenti vivissimi, e simula un brindisi a mani vuote.

Si avvia verso la porta, si ferma davanti alle mie scatole impilate, si volta indietro. Cosa aspetta a svuotarle?, mi chiede indicando la pila di cartoni. È troppo pigro o ha già deciso di dimettersi? Le parole che ha detto lo fanno esplodere in una risata cosí roca che si trasforma in tosse, diventa rosso, si appoggia con la mano alla parete. Finalmente qualcuno con cui si può scherzare, dice nei rimbalzi divertiti della pancia mentre esce dall'ufficio, Stia bene.

Passano pochi minuti e mette di nuovo la testa dentro. Dice Ma sa che cosa ho appena saputo? Si infila dentro e si chiude la porta alle spalle con la faccia circospetta. Si avvicina al mio tavolo mi dice L'ex direttore vendite. Poi mi guarda in faccia, vedere la faccia che ho. L'ex direttore vendite, mi sussurra nell'orecchio, è morto. Morto stecchito, e io non dico che lo so.

Si dilegua con la stessa rapidità con cui è venuto a darmi la notizia. Prima di andarsene però mi batte la mano sulla spalla. Svuoti quelle scatole, mi raccomando. E soprattutto non si spaventi, dice sogghignando. Non capita a tutti i direttori vendite, di lasciarci la pelle in quel modo.

E il girino dice guarda, la rana dei miei sogni, tutti dicono sfacciato, nemmeno ti vergogni. Il girino dice Amore, e negli occhi ha un cuoricino, te lo chiedo per favore, vieni ancora piú vicino.

Adesso che è morto, dice il direttore del personale, l'azienda non può non prendere posizione di fronte alla scomparsa dell'ex direttore vendite Carlo Simoni. Dice che nella sua deontologia se qualcuno muore lui deve dire Mi dispiace. Se poi la deontologia da personale diventa aziendale, aggiunge, allora l'imperativo del Mi dispiace diventa un fatto assolutamente inderogabile.

Mentre mi parlava alitava sulle facce dei parenti dentro i portafoto e li ripuliva col polsino della camicia. Poi li risistemava sulla scrivania nel punto esatto in cui si trovavano prima dell'operazione igienica, come gli attori che mettono lo scotch sul palco e ci si fermano davanti. Non avevo bisogno di guardarlo perché lui non guardava me, preso in quell'allestimento di sé sulla superficie scura della scrivania. Eppure eravamo lí, ci dirimpettavamo col frammezzo di un tavolo dove tutto si spostava e tutto immancabilmente tornava come era stato prima.

Mi ha chiesto se l'avevo conosciuto bene, l'ex direttore vendite, se conoscevo la famiglia, i figli la moglie o chi per essi. Sapevo che avrei potuto non rispondere, non ho risposto, lui apriva la corrispondenza col tagliacarte. Mi ha ripetuto Capisce, non possiamo non prendere posizione, adesso che è morto. Ho detto Certo, e lui chissà cosa ha capito.

Mi ci metta il suo pathos, mi raccomando. Bastano poche righe, per commemorare il fu ex direttore vendite al cospetto dei parenti. Le butti giú e me le faccia trovare domattina sul leggio della chiesa. Come sa, mi ha detto ridendo, la sua mano è il mio sicario preferito, mi fido ciecamente. D'altra parte che cosa vuole dire di utile, di fronte a un uomo morto e inscatolato? Noi siamo l'azienda, ha detto digitando dei numeri sulla calcolatrice, e dobbiamo dire delle cose edificanti sui trascorsi aziendali del morto. È elementare: i parenti parlano dei trascorsi familiari, i compagni di calcetto dei trascorsi sportivi, gli ex commilitoni dei trascorsi militari, noi dei trascorsi sul posto di lavoro.

Parlava distratto, perdendo continuamente il filo del discorso. Provi a immaginarsi la situazione, mi ha detto, non ci vuole molto. Una cassa da morto sollevata su una struttura metallica e tutti intorno a piangere. Poi il prete, l'incenso e quelle cose che si sanno, sempre le stesse. Un funerale come qualsiasi altro, insomma. Il tempo di arrivare, salutare i parenti piú prossimi, e dire due parole su quanto era bravo l'ex direttore vendite come direttore vendite, su quanto mi è dispiaciuto non averlo piú in azienda. Mentre mi par-

lava schizzava su un foglio la pianta della chiesa e se-
gnava le sue traiettorie in entrata e in uscita. Cinque
minuti, e fuori. Non un minuto di piú.

Dopo poco già mi parlava d'altro, mostrandomi dei
fogli sfilati da un fascicolo e invitandomi a commen-
tare, a contribuire, a prendere visione. Nel frattempo
rispondeva al telefono, digitava febbrilmente sulla ta-
stiera, consultava l'agenda tirandola fuori dalla tasca
interna della giacca. In pochi minuti la pianta della
chiesa, disegnata lí accanto, si era riempita di numeri
di telefono, di calcoli e di nomi appuntati a pennarello in mezzo alle navate.

L'ho visto arrivare con la macchina aziendale, la lamiera che mandava bagliori nel sole. Dentro c'era lui, il vestito scuro, accompagnato dalla nuova segretaria. Portava tutte le lacrime delle dirigenza chiuse dentro la valigetta, le sue sigillate dietro le lenti nere degli occhiali. L'autista aveva il suo abbigliamento consueto di facchino, un paio di pantaloni grigi e la polo d'ordinanza. Ha aperto lo sportello dalla parte del direttore del personale con un gesto di sudditanza liso, guardando il traffico piú in là, sulla statale, risistemandosi al posto di guida col giornale prima di vederli uscire fuori.

C'erano le persone sui gradini della chiesa, parlare piano, col morto chiuso nella cassa che sta per arrivare. Ero in macchina dall'altra parte della strada, le quattro frecce lampeggianti che me ne stavo per andare. E c'era questa alternanza, le auto incolonnate che mi passavano davanti, poi niente per un po', veniva rosso nel semaforo. Allora vedevo dall'altra, questo spazio dedicato, tutti in parata pronti per accogliere il morto che arrivava.

Il direttore del personale e la nuova segretaria sono entrati subito in chiesa, non conoscevano nessuno, nessuno conosceva loro. Sono entrati guardandosi accanto, vedere l'effetto che facevano passando. Lui avrebbe controllato gli spazi per la sua orazione funebre, parlato col parroco per la prova dei microfoni. Uno due tre prova. Prova, prova, prova. Sí. Sí. Sa. Ci siamo. Lei gli avrebbe stretto il nodo della cravatta contro il pomo d'Adamo. Lui avrebbe alzato il mento, tirato in alto il collo come per stapparsi la testa dal busto. Avrebbe guardato l'orologio con un certo nervosismo, cinque minuti e poi scappare via. Lei avrebbe compiuto un gesto ordinario per rassicurarlo, togliergli un capello dalla giacca, controllare un appuntamento sull'agenda.

E poi ho visto anche Martina e Federico, seduti sui gradini della chiesa con le ginocchia al petto, nessuno che li guardava. Avevano i pantaloncini corti, Martina si passava l'indice sulle dita dell'altra mano, contava chissà che cosa. Federico si scriveva delle cose sulle gambe con un pennarello. E tutti gli altri erano sotto, raccolti a macchie di persone con gli occhiali da sole che si davano dei baci e si stringevano le mani. La vedova passava da un assembramento all'altro, li collegava tra loro in un disegno che non c'era, come i punti della settimana enigmistica a far le righe con la penna.

Ho suonato il clacson tre volte, come facevo quando era ora di partire, che eravamo al mare. Martina ha smesso di contare e ha alzato la testa verso la strada. Ma ero troppo lontano. Ho suonato altre tre volte, che già me ne stavo andando, con la mano fuori a fare un saluto che non avrebbero visto. E loro erano lí, col muso in aria che mi cercavano, avrebbero ricominciato a contarsi le dita, scriversi disegni sulle gambe. Poi sarebbero tutti entrati in chiesa, seduti sui banchi le mani unite tra le ginocchia.

Il direttore del personale avrebbe fatto il suo ingresso al momento concordato con il parroco. Si sarebbe staccato dal fondo della chiesa e avrebbe percorso la navata centrale a passo sicuro, solo battendo qualche colpo di tosse per attirare l'attenzione. Accanto a lui ci sarebbe stata la nuova segretaria, il braccio infilato dentro il braccio di lui. Si sarebbero avviati verso l'altare guardandosi a destra e sinistra, sorridendo pieni di solida mestizia e compassione. I presenti li avrebbero seguiti con lo sguardo senza capire, senza conoscerli. All'altare il direttore del personale si sarebbe sganciato dalla segretaria per dirigersi verso il leggio con un impercettibile inchino rivolto all'uditorio.

Io che intanto andavo via, a farmi da solo da chauffeur. Io che intanto ero un vagone di quel treno di macchine che andavano altrove, che non avevano guardato la chiesa quando erano passati lí accanto. Che si portavano via da quel sagrato dove la gente si diceva parole, si toccava con cordiale paura e dispiacere, con cordiale sollievo di averla scampata. Strada dopo strada disegnavo quel pezzo di città che collegava il centro alla periferia al fuori, le scritte nere sui muri, i fiorai e gli edicolanti, le moto parcheggiate, le saracinesche degli altri negozi tirate a terra.

In piedi accanto all'altare, il direttore del personale avrebbe preso in un'unica panoramica tutto il suo pubblico senza dire una parola, ancora con gli occhiali da sole. Avrebbe sorriso a tutti, sistemando a caso qualche sguardo tra i banchi per puntellarsi in mezzo a quel mare di persone. La gente si sarebbe fatta delle domande sull'identità di quel signore in doppiopetto di fronte al microfono. Viceversa lui avrebbe cercato di indovinare nelle prime file i parenti piú prossimi del defunto, i figli, la ex moglie. In questo compito avrebbe avuto il sostegno della segretaria, che gli avrebbe indicato discretamente le figure. Si sarebbe infine sfilato gli occhiali da sole, avrebbe soppesato con lo sguardo la lunghezza dell'orazione funebre trovata come concordato sul leggio e poi controllando l'orologio si sarebbe apprestato a leggerla.

Non c'era nessuno, sulla tangenziale. Finita la città, la gente tornava indietro. C'era solo la sterpaglia bruciata oltre il guardrail, il cielo schiacciato sui campi, le scie bianche degli aerei come motoscafi guardati da sotto il mare. Il finestrino era un baluardo contro le

95

onde di aria calda che si schiacciavano contro il vetro, l'asfalto un imprevisto di abbagli e vapore. Non parte nessuno, in mezzo all'estate. In mezzo all'estate, diceva la radio, la gente si ammazza. Chi resta, uno su qualche migliaio di persone non ne può piú e se ne va via nel suo modo. Le ambulanze arrivano senza convinzione, quando si ammazza la gente. Si parcheggiano sotto casa e gli infermieri salgono su col prete e una bombola di prassi.

Amiche, amici, parenti, presenti tutti. Pochi minuti per unirmi al dolore che oggi vi raccoglie in questa chiesa a commemorare la scomparsa del caro Carlo. Se sono qui oggi, se confondo le mie lacrime alle vostre, cari carissimi tutti, è perché nell'ora del trapasso io non posso che dire, e dunque lo dico, Mi dispiace. Mi dispiace perché di fronte alla sofferenza di una chiesa gonfia di pianto, di fronte a questa disperazione cosí popolata, assembleare, non si può non dire Mi dispiace. Mi dispiace, inconsolabili sodali del defunto, perché Carlo è stato il piú fedele degli amici. Mi dispiace, straziati congiunti del deceduto, perché Carlo è stato un marito meraviglioso, un fratello impareggiabile, un figlio stupendo, un genero generoso, un cugino coraggioso, un cognato leale, un padre formidabile. Mi dispiace, e lo dico con le lacrime agli occhi, perché Carlo è stato un grande lavoratore, un instancabile compagno di strada lungo i corridoi di quell'azienda che io oggi indegnamente rappresento.

La via per l'aeroporto era tutta costeggiata da cantieri rimasti fermi. Le scavatrici immobili con le bocche metalliche in aria, i detriti ammassati a cielo aperto, i crateri scavati accanto alla strada come trincee, il nastro bianco e rosso a fare da linea di demarcazione. Un bambino si era perso in mare, diceva la radio. Era entrato in acqua e poi l'avevano visto scomparire, non c'era piú. I genitori l'avevano chiamato dalla riva, urlavano tanto, urlava anche il bagnino che poi aveva messo la barca in mare, remava abbronzato con gli occhiali da sole. La corrente l'aveva portato piú in là, si era salvato da solo. L'avevano intervistato, si era spaventato, si erano spaventati tutti.

Chiunque abbia avuto Carlo come collega, cari amici distrutti dal dolore, sa che cosa intendo quando dico Mi dispiace. Chiunque abbia visto Carlo all'opera dentro la sua azienda sa che questo Mi dispiace contiene in un unico groviglio la stima, la fiducia, l'orgoglio, la nostalgia, la malinconia, l'impotenza, il dispiacere. Mi dispiace, perché Carlo era un lavoratore passionale, un uomo capace di fronteggiare ogni situazione, di perseguire la sua *mission* senza fermarsi di fronte a nulla. Mi dispiace, perché oggi io perdo Carlo per la seconda volta, dopo averlo visto andare via dall'azienda e prendere la sua strada, decidere per un futuro diverso dai corridoi che per anni ci hanno visto stringerci la mano la mattina, stringercela di nuovo la sera prima di tornare a casa.

Due vecchi erano fermi nella corsia d'emergenza, il cofano alzato, lui chino sul cric, lei con un braccio in aria a cercare di fermare qualcuno, l'altro sulla testa a non far volare via il cappello. Poi finalmente l'aeroporto, i decolli che si tamponavano sulla pista. Ho lasciato la macchina nel parcheggio sotterraneo. E ora ci sarà il check-in e quindi saliremo a bordo. Fino all'ultimo giorno della storia le hostess continueranno a spiegare cosa fare prima di morire. Ma la gente non le ascolta piú, le guarda guardando altrove. Io prenderò posto e guarderò fuori.

Se un giorno i nostri destini professionali si sono divisi, cari amici rigati di lacrime, personalmente mi dispiace. Se da quel momento la *vision* di Carlo è stata diversa, mi dispiace. Ho provato dolore, come provo dolore oggi, nel vederlo raccogliere i suoi effetti personali dentro una scatola, nel vederlo sgomberare il suo ufficio e portare tutto fuori dall'azienda. Mi dispiace infine ripensare al suo ultimo giorno di permanenza al lavoro, al viso dei suoi bellissimi figli rimasto appeso al muro dentro una cornice. Mi dispiace, e con questo concludo, avergli detto Mi dispiace di fronte al foglio con il quale lo allontanavo definitivamente dall'azienda, cosí come mi dispiace, di fronte alla sua accorata richiesta di poter fare ritorno un giorno tra di noi, avergli detto Mi dispiace. Mi dispiace, no.

Ero rimasto un poco in coda sulle scalette dell'aereo, in quella zona in cui non è ancora finito nulla e neppure è ancora cominciato qualcosa di diverso. Poi ero entrato e assieme agli altri avevo preso posto vicino al finestrino, le scalette portate sulle rotelle, il portellone che ci aveva sigillato dentro incassandosi con un tonfo dentro il corpo dell'aereo. E non pensavo piú, mentre l'aereo prendeva le misure della pista, annusava l'asfalto e cercava il punto in cui fermarsi. Tutto finiva cosí, con la faccia attonita del direttore del personale di fronte al proprio dispiacere, gli sguardi tra i banchi di chi ha finalmente capito, la mia faccia ora sulla pista oltre l'oblò. Poi i motori accesi e le luci sull'asfalto che disegnavano la strada da fare per levarsi in volo. Noi eravamo tutti allacciati contro i sedili, aspettavamo di essere portati via. L'aereo poi si era alzato e aveva puntato contro il cielo.

Stampato per conto della Casa editrice Einaudi
presso Mondadori Printing S.p.A., Stabilimento N.S.M., Cles (Trento)
nel mese di febbraio 2005

C.L. 17297

Edizione											Anno			
1	2	3	4	5	6	7	8				2005	2006	2007	2008